J. R. R. TOLKIEN

J. R. R. TOLKIEN

Su vida, sus obras y su influencia

Gary Raymond

Prólogo de
John Howe

BLUME

BLUME

Título original:
3-Minute J. R. R Tolkien

Edición:
Jason Hook, Caroline Earle, Jamie Pumfrey

Dirección creativa y de arte:
Peter Bridgewater, Michael Whitehead

Diseño:
Glyn Bridgewater

Traducción:
Laura Collet Texidó

Coordinación de la edición en lengua española:
Cristina Rodríguez Fischer

Primera edición en lengua española 2013

Av. Mare de Déu de Lorda, 20
08034 Barcelona
Tel. 93 205 40 00 Fax 93 205 14 41
e-mail: info@blume.net

I.S.B.N.: 978-84-9801-722-9

Impreso en China

WWW.BLUME.NET

Preservamos el medio ambiente. En la producción de nuestros libros procuramos, con el máximo empeño, cumplir con los requisitos medioambientales que promueven la conservación y el uso responsable de los bosques, en especial de los bosques primarios. Asimismo, en nuestra preocupación por el planeta, intentamos emplear al máximo materiales reciclados, y solicitamos a nuestros proveedores que usen materiales de manufactura cuya fabricación esté libre de cloro elemental (ECF) o de metales pesados, entre otros.

Contenido

Capítulo 2: Obras 64

Capítulo 3: Influencia 110

Prólogo

Los mitos y el hombre moderno
John Howe

La mitología es, sin duda, necesaria para el ser humano. Cada periodo histórico ha creado sus mitos, que explican y nos recuerdan valores cruciales para la supervivencia como especie. No obstante, a medida que avanzamos, vamos abandonándolos y encontrando otros que encierran nuevas versiones de las verdades que necesitamos. En una época dominada por la ciencia, ya no «creemos» en ellos, pues tenemos otras explicaciones que nos convencen. Disponemos de la ciencia, la tecnología, la razón, la psicología: un sinfín de conocimientos que nos permite entender quiénes somos y qué lugar ocupamos en el universo.

A pesar de todo, seguimos creando mitos. Lo hacemos constantemente, desde el «buen salvaje» de Dryden hasta las leyendas urbanas que aparecen a diario. Mitificamos las ideologías, derrocamos mitos, los rechazamos, los diseccionamos y recomponemos, los confinamos a seminarios académicos y libros infantiles. De forma plenamente consciente, los situamos como «ficción real» en la sección de no-ficción de las bibliotecas.

Las historias mitológicas nunca son farsas. Reflejan el deseo irrefrenable de mostrar las cosas «tal y como deberían ser», al tiempo que nos permiten reconciliarnos con nuestra condición humana, con la muerte, con el origen de la vida y demás cuestiones sin respuesta. (Por supuesto, la ciencia y la religión nos ofrecen sus explicaciones, pero requieren el rechazo o la aceptación de otras afirmaciones).

No obstante, ya no contamos mitos. Sentimos que nos quedan lejos y que los mensajes deben ser explícitos para que se comprendan. Desde luego, estamos equivocados, porque nunca apuntamos a la «verdad» que encierran. Lejos de ser una simple colección de fábulas o moralejas, subyacen codificados en símbolos y alegorías, y están íntimamente relacionados con la etimología y la historia.

Un siglo atrás, T. E. Hulme cualificó el romanticismo de «religión derramada». En la actualidad, muy probablemente habría afirmado lo mismo sobre las fantasías modernas y nuestra atracción por ellas. La mayoría tiene más forma que fondo; sin embargo, en ocasiones, aparece un autor que redefine el género con una revisión personal e influyente de las temáticas omnipresentes en la historia de la mitología.

El tiempo ha desprovisto a los mitos de gran parte de su significado. No obstante, quienes hacen una lectura atenta conocen el simbolismo de cada personaje, quién encarna cada estación, cómo se originaron los mitos ancestrales, qué dioses paganos se han convertido en santos. Es posible seguir el hilo de una cultura a otra. Pero, si bien esto nos aporta información relevante, no nos lleva necesariamente a emprender un viaje fantástico. Por el contrario, J. R. R. Tolkien nos invita, sin lugar a dudas, a viajar a través de la mitología. La densidad subyacente en sus cuentos se basa en conceptos que él no inventó, pero a los que dedicó toda una vida, para cartografiarlos con esmero. Y, como en todos los verdaderos mitos, nos quedamos atrapados en la historia, arrastrados por la narración, y llegamos al final con la extraña sensación de que hemos comprendido algo, aunque no sepamos identificarlo del todo. No es necesario.

El significado de la Tierra Media debería captarse de forma intuitiva, tan instintiva como la necesidad del autor de entretejer los mensajes de su narración. Pero nuestra conexión con la mitología de este escenario fantástico no tiene por qué terminar ahí. Y es que, en efecto, la obra de Tolkien puede considerarse una puerta abierta a una visión estimulante e imperecedera del mundo; puede ayudarnos a entender los mundos de aquellos que crearon los ciclos mitológicos, que ya conocemos en sus formas más áridas, académicas o comparativas, dándoles vida mediante sus valores y su energía, devolviéndoles la magia. En definitiva, Tolkien nos invita a dejarnos arrastrar a las profundidades de una historia y a experimentar cómo, de repente, todo cobra sentido.

La fantasía no es simple entretenimiento: nos permite entender el mundo y el lugar que la humanidad ocupa en él.

Los mitos son necesarios. Haríamos bien en escuchar atentamente cuando se nos cuentan de forma tan extraordinaria.

21 de agosto de 2012,
Wellington, Nueva Zelanda

Cómo funciona este libro

El presente libro cuenta la historia de J. R. R Tolkien en tres partes. El primer capítulo explora su vida; su talento precoz para aprender lenguas e inventar otras nuevas; su amor por los escenarios rurales de su juventud, y cómo todo ello, con la primera guerra mundial como telón de fondo, alimentó un impulso creativo que encontró su mejor expresión en el paisaje imaginario de la Tierra Media. En el segundo capítulo se analizan las obras literarias y mitológicas en las que describió y desarrolló este mundo fantástico. En concreto, se comentan *El hobbit* y *El señor de los anillos*, junto con obras menos conocidas, publicaciones académicas y libros importantes como *El Silmarillion*. El último capítulo se centra en el legado de Tolkien y en la extraordinaria influencia que su obra sigue ejerciendo en la cultura popular, desde la literatura y el arte hasta los videojuegos o la música, y, por supuesto, las películas, que lo han dado a conocer al gran público y han ensanchado las filas de su comunidad de fans.

J. R. R. Tolkien en 3 minutos

*Cada capítulo contiene veinte apartados que se leen en tres minutos cada uno. Así pues, en «Obras», usted encontrará, entre otros, «*Las dos torres*», «Magia y religión» o «La Tierra Media». Cada apartado contiene, a su vez, tres párrafos que tratan un aspecto del tema principal. Por ejemplo, en «Magia y religión» (inferior) están los subapartados «La naturaleza del mal» (que relaciona el personaje de Sauron con la teología católica), «Poderes mágicos» (que trata el papel de la brujería en la mitología de la Tierra Media) y «Religión, dioses y magos» (sobre las creencias de las distintas razas imaginadas por Tolkien). Cada subapardos se lee en aproximadamente un minuto, por lo que cada apartado requiere apenas unos tres minutos en total.*

Capítulo 2 Obra

Magia y religión

La naturaleza del mal

En la Tierra Media de Tolkien, el concepto del «mal» es complejo y no está representado por personajes estereotipados ni mediante la presencia de **falacias antropomórficas.** Sauron, máximo exponente de la idea que el autor tenía del mal, posee una historia personal larga, turbulenta y variada que se remonta a los mismos orígenes de la Tierra Media. Es un **guerrero divino corrompido** y su evolución refleja en muchos sentidos la del ángel Lucifer de la mitología cristiana o, mejor aún, un discípulo de este, siendo Morgoth la encarnación misma del diablo,. La trayectoria de Sauron hasta convertirse en Señor Oscuro de Mordor se define a menudo por la ausencia del bien, un concepto que **procede de la teología católica**. En ese sentido, resulta evidente que las temáticas más profundas de Tolkien se inspiran en sus profundas creencias católicas.

Poderes mágicos

Aunque la magia exista en los reinos de la Tierra Media, Tolkien evita abusar de ella como recurso fácil para crear tensión dramática o como *deux ex machina*. Cabe destacar que no cualquiera puede **obtener poderes mágicos,** y que la mayoría de personajes que los poseen de forma inherente no son nativos de la Tierra Media. Los magos son seres divinos, como el origen de los elfos y del propio Sauron. Estas **figuras «angélicas»** directamente relacionadas con los seres creadores del mundo transmiten sus poderes a los demás mediante embrujos o, determinados objetos, como el Anillo. Por tanto, la magia no es un **poder pagano**, ni mucho menos un antojo del autor como recurso fantástico, sino que tiene una clara conexión con el poder divino cristiano recogido en el Antiguo Testamento.

Religión, dioses y magos

Las distintas fes y creencias religiosas de los pueblos de la Tierra Media desempeñan un papel importante. Muchas razas beben de la tradición pagana, como los poderes druídicos y de la naturaleza de los elfos, o el credo religioso de los enanos, que no ven la presencia de un **poder supremo** en las catedrales sino en la propia tierra. En las historias de la Tierra Media, Tolkien evoca los mitos con que las religiones explican la creación, así como la evolución del mundo y el ser humano. Sin duda, los magos **representan a los ángeles** y, como los ángeles de la mitología cristiana, poseen formas y tamaños distintos. Gandalf y Saruman, en tanto que **«dioses» que han tomado forma terrenal,** son los personajes que reflejan de una manera más claramente el elemento teológico gnóstico.

92

Resumen
Tolkien era un hombre muy creyente, pero solo el lector atento puede identificar rasgos de su fe católica en sus relatos de ficción.

Temas relacionados
véanse también
AÑOS DE ESCUELA
página 24
MITOLOGÍA
página 90

«No me siento obligado a hacer que mi historia encaje con la teología cristiana ortodoxa, aunque sí he procurado que estuviera en consonancia con el pensamiento y la fe cristiana.»

Experto al instante

La estructura de este libro permite leer y asimilar cada capítulo en aproximadamente una hora. En tres horas, el libro proporciona un sólido conocimiento acerca de la biografía de Tolkien, sus obras maestras y su influencia. Además, al final de cada capítulo hay una cronología y un glosario que ayudan a organizar la información. Si bien para apreciar y disfrutar la genialidad de Tolkien en su justa medida deben leerse sus obras, este libro es la forma más rápida de descubrir al hombre que hay detrás de la fantasía, así como las experiencias vitales que inspiraron el paisaje fantástico más detallado de la historia de la literatura.

INTRODUCCIÓN

El mundo de Tolkien

J. R. R. Tolkien es una figura literaria única. No solo escribió obras de ficción, sino que creó todo un mundo, la Tierra Media, que refleja las maravillas del nuestro y nos invita a apreciarlas. Al inicio, la crítica se mostró dividida en cuanto a sus principales obras, *El hobbit* (1937) y la trilogía de *El señor de los anillos* –*La comunidad del anillo* (1954), *Las dos torres* (1954) y *El retorno del rey* (1955)–; pero los lectores no tardaron en otorgarles el valor que se merecen. De hecho, *El señor de los anillos* se ha convertido en uno de los mayores éxitos de ventas de la historia, y la Tierra Media sigue inspirando a la literatura fantástica, al arte, a la música, a los videojuegos e, incluso, a películas oscarizadas. Sus orígenes creativos pueden rastearse en las primeras obras menos conocidas del autor. Como catedrático de Lengua y Literatura inglesas en el Merton College de la Universidad de Oxford, Tolkien estudió las sagas y los poemarios anglosajones y escandinavos, comprendió la importancia de su mitología y se empapó de su terminología. Su erudición le permitió crear un mundo imaginario minuciosamente detallado, con su propia geografía y una mitología y terminología coherentes. Como estudioso que se convirtió en maestro, Tolkien creó sus propios mitos de forma tan convincente que todavía perduran, quizá con mayor fuerza que los clásicos. En 1936 dio una brillante conferencia titulada «Beowulf: los monstruos y los críticos», en la que señaló la fuerza de este poema anglosajón y defendió la relevancia de sus dragones y demás criaturas fantásticas. En concreto, pronunció unas palabras que bien habría podido afirmar de su propia obra: «Capta el cosmos y avanza con el pensamiento de todos los hombres sobre el destino de la humanidad y aquello por lo que lucha».

Dragones escandinavos

Tolkien conocía bien la cultura escandinava por sus estudios de la mitología, las sagas y los poemarios nórdicos y anglosajones. En 1936 dio la conferencia «Beowulf: los monstruos y los críticos», que sigue siendo un análisis fundamental del antiguo poema «Beowulf» sobre la matanza de dragones en Escandinavia.

El frente francés

Tolkien enfermó tras la terrible experiencia de la batalla del Somme, en 1916, y muchos de sus amigos íntimos murieron durante la Gran Guerra. la Ciénaga de los Muertos resuenan ecos del frente.

Aventuras en Suiza

En 1911, con diecinueve años, Tolkien pasó unas vacaciones practicando senderismo por los nevados Alpes suizos. Más tarde, mencionó que dicha experiencia le había inspirado El hobbit *y el viaje de Bilbo Bolsón por las Montañas Nubladas.*

Montes sudafricanos

Aunque se fuera de Sudáfrica a los tres años, el espectacular paisaje de la cordillera Drakensberg (cuyo nombre significa «cordillera del dragón») se quedó grabado en la memoria de Tolkien.

Los paisajes de Tolkien

Estudios en Leeds

Como profesor de inglés de la Universidad de Leeds de 1920 a 1925, Tolkien estudió filología y mitología en uno de los más prestigiosos departamentos de lengua inglesa del país, donde se trabajaba en una edición del clásico inglés Sir Gawain y el caballero verde.

La aceña de Sarehole

Desde los cuatro años, Tolkien vivió en las afueras de Birmingham, cerca de la aceña de Sarehole, que data del siglo XVI *e inspiró el Gran Molino de* El hobbit. *De niño jugaba en el campo, experiencia que más tarde evocaría en el paisaje virgen de la Comarca y que lo llevó a amar la naturaleza y el campo durante el resto de su vida.*

El hogar en Oxford

Gran parte de la vida y la carrera profesional de Tolkien transcurrió en Oxford, donde entabló amistad con personas que compartían sus inquietudes. Era el lugar ideal para proseguir sus estudios; además, los bosques de los alrededores le permitían dar largos paseos y le proporcionaron un modelo perfecto para la Tierra Media.

Refugio en la costa

Tras largos años de pasar los fines de semana en familia en Bournemouth, Ronald y Edith se trasladaron a la costa en 1968. En Oxford, la creciente fama del escritor se hacía difícil de llevar, y la costa del sur de Inglaterra permitía al matrimonio disfrutar de su tiempo juntos con mayor tranquilidad.

INTRODUCCIÓN

Una mitología moderna

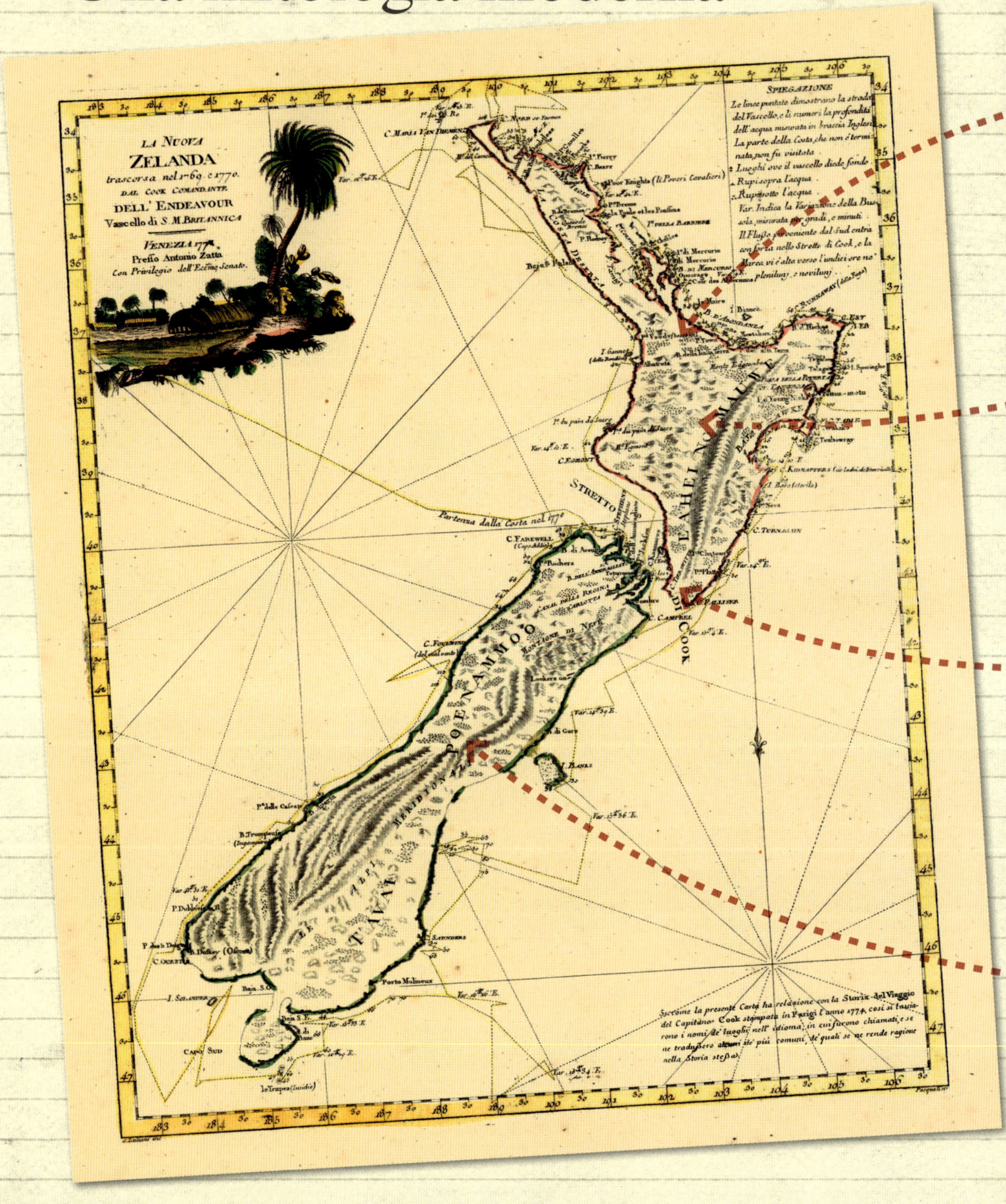

Hobbiton

Para las versiones cinematográficas de El hobbit *y* El señor de los anillos*, la diversidad paisajística de Nueva Zelanda, tierra natal del director Peter Jackson, resultó perfecta, con sus escenarios rurales idílicos e imponentes montañas. Para recrear la Comarca y Hobbiton, se contó con la colaboración del ejército, que cavó treinta y siete agujeros «hobbit» cerca de Matamata.*

Montaña de Fuego

Para recrear el espíritu de la Montaña de Fuego, donde se forjó el Anillo y donde debe ser destruido, se necesitó la combinación de dos volcanes activos, el Ngauruhoe y el Ruapehu, en el Parque Nacional de Tongariro.

Minas Tirith

La ciudad fortificada de Minas Tirith, capital de Gondor, y el valle del Abismo de Helm, donde tiene lugar la gran batalla, se construyeron en la cantera de Dry Creek Quarry, un vasto complejo minero situado a los pies del monte Haywards, en Wellington.

Edoras

Edoras, capital de Rohan, donde Aragorn y Gandalf se encuentran con Théoden, se construyó en el impresionante valle de Rangitata, a los pies del monte Sunday, un enclave ideal para recrear la espectacular Tierra Media.

Obras de Tolkien

El hobbit

Publicado el 21 de septiembre de 1937 por George Allen & Unwin, con 310 páginas. Fue un éxito inmediato y situó a Tolkien entre los escritores más populares del momento. Fue nominado al premio Carnegie Medal y galardonado como mejor libro juvenil de ficción por el New York Herald Tribune.

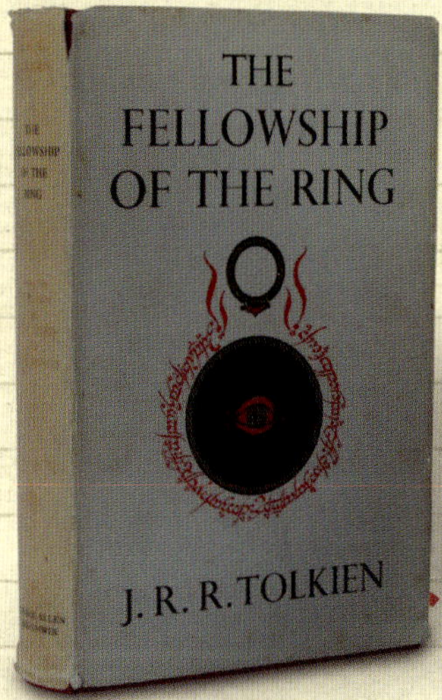

La comunidad del anillo

Publicado el 24 de julio de 1954 por George Allen & Unwin, con 531 páginas, fue el primer volumen de la trilogía de El señor de los anillos. *En un principio, Tolkien quería publicar la novela en un único volumen, pero al final se estructuró en seis partes. Esta, en concreto, comprendía «El anillo se establece» y «El anillo va al sur».*

Las dos torres

Publicado el 11 de noviembre de 1954 por George Allen & Unwin, con 416 páginas. Fue el segundo tomo de la trilogía, y contenía las partes «La traición de Isengard» y «El anillo viaja al este».

Otras obras

Otras obras de Tolkien son Las aventuras de Tom Bombadil, *publicado en 1962 por George Allen & Unwin;* Egidio, el granjero de Ham, *escrito en 1937 y publicado en 1949, y* El herrero de Wootton Mayor, *que vio la luz en 1967.*

El Silmarillion

Publicado por George Allen & Unwin en 1977, con 365 páginas. Se encargó de la edición y la publicación del libro el hijo de Tolkien, Christopher. En un principio, estaba pensado para ser publicado antes de El señor de los anillos, *ya que establece en profundidad la mitología del mundo de la Tierra Media.*

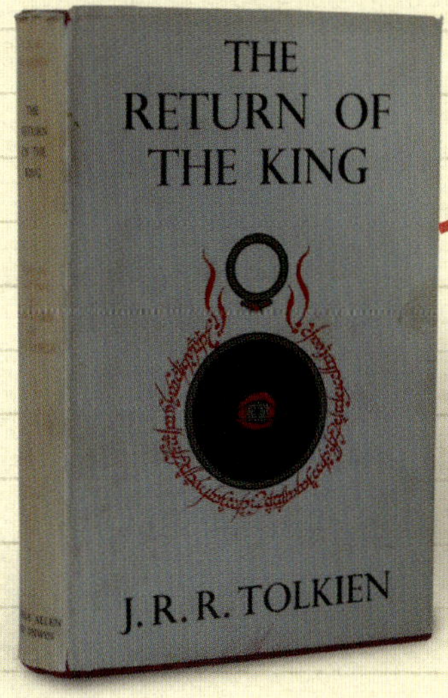

El retorno del rey

Publicado el 20 de octubre de 1955 por George Allen & Unwin, con 624 páginas. Fue la conclusión de la novela épica, y contenía «La guerra del anillo» y «El fin de la tercera edad». Tolkien creía que el título elegido daba demasiada información sobre el desenlace, y de hecho habría preferido titular el libro La guerra del anillo.

Capítulo 1

Vida

Se inicia el viaje

Nacimiento

John Ronald Reuel, hijo de Arthur y Mabel Tolkien, nace el 3 de enero de 1892 en las vastas tierras sudafricanas de la Provincia del Estado Libre de Orange. Los Tolkien se han trasladado de Inglaterra a **Bloemfontein** en 1890, donde Arthur ejerce como director de banco. Mabel cree que el clima sudafricano puede perjudicar la salud de sus hijos, y regresa con ellos a **Birmingham** en 1894. Poco después, Arthur, quien se ha quedado en Bloemfontein por motivos de trabajo, enferma y fallece. Aunque John Ronald Reuel (o Ronald, como lo llaman entonces) permanece muy poco tiempo en su tierra natal, se cree que el paisaje adusto y los peligros de la naturaleza salvaje (en especial, su experiencia con **una gran tarántula**) quedan grabados en su mente e influyen en algunos personajes y escenas célebres de sus obras.

El apellido

Se cree que el apellido Tolkien es originario de Baja Sajonia. Existen varias teorías que intentan explicar su significado, pero la más interesante afirma que procede del vocablo alemán ***tollkühn***, es decir, «imprudente». Desde su llegada a Inglaterra en el siglo XVIII, los miembros del linaje Tolkien fueron artistas y artesanos, y su apellido tuvo un gran **prestigio** en Birmingham durante varias generaciones. El abuelo de Ronald, John Benjamin Tolkien, mantuvo las inquietudes artísticas de la familia y ejerció como afinador y profesor de piano, además de regentar una tienda de música. Arthur Reuel, sin embargo, prefiere la estabilidad de un puesto en la banca. Durante la niñez de Ronald, la familia se traslada varias veces a distintas casas de la ciudad de Birmingham.

Un nuevo rumbo

Mabel pertenece a la familia Suffields, propietaria de prósperos negocios durante generaciones, entre ellos una lencería y una papelería en Lamb House, Birmingham. En 1895, poco después de regresar a Inglaterra con sus dos hijos, Ronald y **el hermano menor**, **Hilary**, los Tolkien ya llevan varias generaciones fuera de Baja Sajonia y, no obstante pocos años pasados en Sudáfrica, están plenamente anglicanizados. Tras la muerte de Arthur, la situación económica pasa a ser precaria, y Mabel se convierte al **catolicismo** a pesar de la oposición de la familia, de tradición baptista, y la consiguiente retirada de su ayuda económica. El catolicismo influirá en Ronald durante toda su vida e impregnará de moralidad su obra escrita y los mundos en que viven sus personajes.

Resumen

J. R. R. Tolkien nace en 1892, año en que Arthur Conan Doyle publica *Las aventuras de Sherlock Holmes* y Rusia empieza a construir el Transiberiano.

Temas relacionados

véanse también
NIÑEZ
página 22
MAGIA Y RELIGIÓN
página 92

«Tengo sangre de West Midlands y aprendí el inglés de la región tan pronto como lo vi escrito».

CARTAS DE J. R. R. TOLKIEN

Banco de Bloemfontein

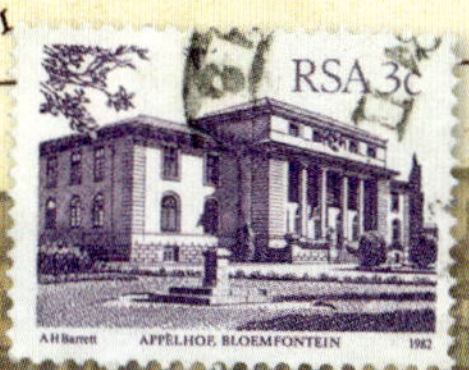

Mapa de Birmingham, 1904

Niñez

Escolarización en casa

De nuevo en Inglaterra, Mabel se encarga personalmente de la educación de sus hijos, y Ronald, ávido de conocimientos, empieza a devorar libros. Se inicia en **botánica** y empieza a tomar bocetos de escenas rurales, árboles y plantas. No obstante, la materia que más le influye a esta edad temprana son **las lenguas**. Mabel le enseña latín básico, que él aprende de forma sorprendentemente rápida hasta dominarlo. Más tarde, afirmaría que *La isla del tesoro* no le había gustado y que *Alicia en el país de las maravillas* le había parecido «profundamente inquietante». En cambio, los relatos fantásticos del pastor **George MacDonald** y del erudito escocés Andrew Lang influyen de forma impactante en su futura obra literaria.

Resumen

Tras la muerte del padre, la madre de Tolkien le introduce en varias materias, entre las que destacan las lenguas, que acabarán convirtiéndose en un campo de conocimiento fundamental en su vida.

Naturaleza frente a industrialización

En 1896, Mabel se traslada con sus hijos a la pintoresca aldea de **Sarehole**, lugar que impregna para siempre la imaginación de Ronald. Allí conoce a un todavía ignorado doctor Gamgee, y pasa los veranos paseando por el campo y recogiendo flores. Cuando es admitido en una escuela de Birmingham, en 1900, la familia se ve obligada a regesar a la ciudad, muy a su pesar. **El futuro lingüista** se muestra maravillado por los nombres exóticos que ve inscritos en los trenes de carbón que van de camino a los pueblos mineros de Gales (Nantyglo, Penrhiwceiber o Senghenydd). A esta edad temprana, conoce **escenarios de gran contraste**: fábricas lúgubres y sobrecogedoras cerca de los campos verdes y bucólicos de los condados ingleses. La industrialización del campo será una de sus mayores preocupaciones durante toda la vida.

Temas relacionados

véanse también
SE INICIA EL VIAJE
página 20
ECOLOGISMO Y DEFENSA DEL ENTORNO
página 148

Orfandad

Cuando Mabel se convierte al catolicismo, la familia Tolkien se desentiende de ella y los niños, que quedan casi en la indigencia. Más tarde, el 4 de noviembre de 1904, a los 34 años, Mabel fallece de diabetes, casi dos décadas antes del descubrimiento de la insulina. Huérfanos y sin la ayuda de la familia, de tradición baptista, Ronald, de doce años, y Hilary, de diez, son acogidos por **el padre Francis Xavier Morgan**, del Oratorio de Birmingham, y pasan el resto de su niñez en el barrio de Edgbaston. Viven al lado de las torres **Perrott's Folly** y **Edgbaston Waterworks,** célebres estructuras con un sorprendente parecido con las dos torres que Tolkien describiría décadas después en *El señor de los anillos*.

«Mi madre me enseñó que no podía decir "un verde gran dragón", sino que debía decir "un gran dragón verde". Me pregunté por qué, y de hecho aún me lo pregunto».

CARTAS DE J. R. R. TOLKIEN

George MacDonald
Edgbaston Waterworks
Perrott's Folly

Años de escuela

Primeros pasos de un brillante futuro académico

Tras la muerte de su madre, Ronald y Hilary reciben la ayuda espiritual y económica del **padre Francis**, hombre afable y bondadoso, mientras que el alojamiento y la manutención les son proporcionados por su tía Beatrice. El ambiente del hogar es más bien lúgubre, y su tía, una persona fría y distante, por lo que los hermanos pasan la mayor parte del tiempo sirviendo en el Oratorio y sumergidos en sus estudios en **la King Edward's School**. Ronald sobresale enseguida como mejor estudiante de la clase, y sus aptitudes e interés por las lenguas no dejan de aumentar. La escuela y el Oratorio se convierten en el verdadero hogar de los jóvenes Tolkien, quienes seguirán siendo católicos devotos y estudiosos durante el resto de sus vidas.

Resumen

En la King Edward's School, el joven Tolkien tiene la suerte de contar con profesores que detectan su talento innato por el estudio y estimulan su pasión por las lenguas.

Descubriendo todo un mundo de leyendas

El director de la escuela King Edward's es el brillante y excéntrico **Robert Cray Gilson**, inventor y especialista en filología clásica. Se fija en Tolkien y lo anima no solo a estudiar latín, griego, francés y alemán, sino a ahondar mucho más en **el conocimiento de las lenguas**. Tolkien empieza a interesarse por sus orígenes y los hilos que las conectan a través del tiempo y la geografía. Por su parte, el profesor George Brewerton lo introduce, en primer lugar, en el estudio del anglosajón y, luego, en los textos de **«Beowulf»**, las leyendas artúricas y los libros de caballerías, en especial *Sir Gawain y el caballero verde*.

Temas relacionados

véanse también

EL MUNDO DE LOS MITOS
página 32
PROFESOR Y ERUDITO
página 40

Inventor de palabras

Como muchos chicos de su edad, Ronald juega a inventar palabras, que pronto se convierten en toda una lengua nueva. A diferencia de los demás, no obstante, su creación es digna de **un filólogo**. Pronto se evidencia (como su madre Mabel ya había detectado) que no solo posee un gran talento intelectual (a pesar de su discurso excesivamente rápido), sino que **sus estudios de lenguaje** no responden a un simple interés académico y que son consecuencia de una verdadera y profunda pasión por la forma, la fonética y la composición de las palabras en todas sus expresiones. Ante el entusiasmo de sus profesores, **el joven Tolkien** promete convertirse en uno de los más eminentes filólogos de su tiempo.

«Ojalá la vida no fuera tan corta... ¡Las lenguas y todo aquello que uno desea conocer requieren tanto tiempo!».

EL CAMINO PERDIDO

King Edward's School, Birmingham

J. R. R. Tolkien en sus años como estudiante

Profesores de la King Edward's School

Los primeros versos

Un alma afín

En 1908, el padre Francis busca para los hermanos un hogar más acogedor donde pasar la adolescencia, y **el matrimonio Faulkner**, feligreses del Oratorio, se ofrece a alojarlos en su casa. Allí, Ronald, con dieciséis años, entabla amistad con otra huésped, la joven y hermosa **Edith Bratt**, también huérfana y tres años mayor que él. Ambos encuentran en el otro un alma afín con quien compartir experiencias, que no inquietudes intelectuales, pues Edith carece de una buena formación. Van intimando hasta **declararse su amor** mutuo en 1909.

Resumen

Cuando empieza a componer poemas inspirado por los libros que lee, Tolkien comprende que la escritura será para él tan importante como la lectura.

Tiempo de espera

Ronald y Edith dan románticos paseos, conversan hasta el amanecer y esperan a ver la salida del sol sobre los tejados de la ciudad desde las ventanas de la casa de los Faulkner. No obstante, el cotilleo es un popular pasatiempo en los barrios pequeños como el suyo, y su relación llega a oídos del padre Francis, que es como un verdadero padre para los hermanos Tolkien. Preocupado por el hecho de que Ronald tenga un romance con una chica mayor que él y alojada bajo el mismo techo, le prohíbe verla e incluso escribirle hasta cumplir veintiún años. Consciente de que le debe todo a la generosidad de su tutor, el joven, triste y deprimido, obedece su deseo.

Temas relacionados

véanse también
EL CÍRCULO INKLINGS
página 42
LA VIDA EN OXFORD
página 44

La Sociedad Barroviana

Durante este tiempo, Ronald y un grupo de alumnos aventajados de la King Edward's School empiezan a reunirse con regularidad en salones de té y en la cafetería **Barrow Stores**. Al principio, se autodenominan Club del Té, luego Sociedad Barroviana y finalmente con las siglas de ambos, T. C. B. S. Bajo la influencia de este círculo de jóvenes intelectuales, escribe sus primeros versos. Por lo general, son **poemas de escaso valor**, pero ya anuncian ciertos elementos de la imaginería de sus futuros textos. En 1910 acude a ver ***Peter Pan***, de J. M. Barrie, en el teatro de Birmingham, y enseguida reconoce que la obra dejará una profunda y larga huella en él.

«El reino de los cuentos de hadas es ancho, alto, profundo, y está repleto de cosas».

SOBRE LOS CUENTOS DE HADAS

La cafetería Barrow Stores, hacia 1905

Peter Pan

Sagas y aventuras

Beca universitaria

En 1910, tras el segundo intento, Ronald aprueba los exámenes necesarios para obtener una beca universitaria y se asegura una plaza en **Oxford**, donde se inscribe en Filología Clásica. Es el primer Tolkien admitido en la universidad y, determinado a ser un estudiante brillante, no tarda en destacar en sus principales áreas de interés. Todavía en la King Edward's School, ya con el futuro asegurado, da una conferencia sobre **las sagas escandinavas** ante el círculo literario, al que impresiona leyendo pasajes en la lengua original. También descubre **la epopeya finlandesa del *Kalevala*** y queda fascinado por sus historias, sus personajes y la rica complejidad que encierran. Ha encontrado todo un mundo de magia y fantasía en el que se siente como pez en el agua.

Resumen

Cuando recuerda las vacaciones en los Alpes suizos, Tolkien a menudo afirma que le gustaría volver a ver aquellas montañas algún día (palabras que pronuncia Bilbo Bolsón en *La comunidad del anillo*).

Senderismo en los Alpes

El verano antes de entrar en la universidad, tras el último curso en la King Edward's School, Ronald pasa las vacaciones con Hilary practicando senderismo en **los Alpes suizos**, en un viaje organizado por un grupo de amigos del Oratorio. En el trayecto, cargan grandes mochilas por estrechos senderos de montaña, duermen en pajares y graneros, y visitan curiosos pueblos a gran altitud al pie **del glaciar Aletsch**. Más tarde, Tolkien lo recuerda como una aventura repleta de peligros, como aludes y profundas grietas en el hielo, y salpicada de encuentros con gentes extrañas, desde excéntricos guías locales hasta ricas señoritas francesas, todo ello en un largo periplo por el blanco cegador y las oscuras sombras del **monte Cervino**.

Temas relacionados

véanse también

EL MUNDO DE LOS MITOS
página 32
LA TIERRA MEDIA
página 94

El origen de Gandalf

Aparte de la sensación de peligro y aventura que le inspiran **los espectaculares paisajes** de los Alpes suizos, Tolkien se lleva algo más que también influirá en los mundos y personajes de sus futuras historias. Antes de regresar a Inglaterra, compra una cajita de postales de regalo con pinturas del artista alemán Josef Madlener. Entre ellas está ***Der Berggeist***, «el espíritu de la montaña», representado por un viejo con túnica, barba larga y sombrero de pico. Está sentado en una roca del bosque y tiene el hocico de un cervatillo entre sus manos, con las montañas nevadas al fondo. Muchos años después, escribió en la postal: «**El origen de Gandalf**».

«Lo único que debemos decidir es qué hacer con el tiempo que se nos ha dado».
LA COMUNIDAD DEL ANILLO

Glaciar Aletsch

Oxford

Un nuevo hogar

El **Exeter College** es el verdadero primer hogar de Tolkien desde la muerte de su madre. En 1911, la mayoría de los estudiantes de **la Universidad de Oxford** pertenece a la clase alta, y los pocos alumnos que acceden a ella gracias a **becas de estudios** suelen ser víctimas de su esnobismo. No obstante, Tolkien tiene suerte: en Exeter no existe semejante clasismo, ya que en aquel momento no se considera una de las facultades más prestigiosas. Enseguida se adapta y hace buenos amigos. Frecuenta los clubes sociales y académicos; juega bien al *rugby* y se une al círculo de debate y al Club de Ensayo. Además, forma parte de un círculo de amigos intelectuales similar al T. C. B. S. llamado los **Apolausticks**, que significa «aquellos que se entregan a la autocomplacencia».

Resumen

Oxford es el verdadero primer hogar de Tolkien desde la muerte de su madre. En la comunidad universitaria encuentra una familia y un entorno acogedor.

Descubrimiento de nuevas visiones

Durante el primer año universitario, Tolkien empieza a perder interés por las obras de los poetas y filósofos griegos y latinos, y ahonda en **la literatura germánica**. Pasa más tiempo desarrollando sus propias lenguas inventadas que acudiendo a conferencias sobre filósofos y dramaturgos como **Séneca y Aristófanes**. Partiendo de su especialidad en Filología Comparada, empieza a explorar áreas de la lingüística que anteriormente se le habían resistido. Bajo la tutoría del célebre filólogo Joseph Wright, centra sus estudios en la lengua gótica y nace en él una gran pasión por la lengua y la literatura galesa. Asimismo, recupera su interés infantil por el bosquejo y estudia **caligrafía** con gran éxito.

Temas relacionados

véanse también
LOS PRIMEROS VERSOS
página 26
LA VIDA EN OXFORD
página 44

El reencuentro

La misma noche de su **21.º cumpleaños**, Ronald, eufórico, escribe sus primeras palabras en tres años a Edith Bratt con la esperanza de reanudar su romance tras la separación impuesta. Cuando ella le comunica que se ha comprometido, se desespera y, haciendo gala de **su determinación**, toma un tren a Cheltenham, donde Edith vive desde hace tres años. Le pide matrimonio y ella acepta, tras afirmar que creía que la había olvidado. Aunque aún tardarán en casarse y han cambiado mucho desde la última vez, se sienten muy felices de **reafirmar su amor**.

Sobre Edith:

«Tenía el pelo negro azabache, la piel pálida, los ojos claros, y sabía cantar y bailar».

CARTAS DE J. R. R. TOLKIEN

Exeter College, Oxford

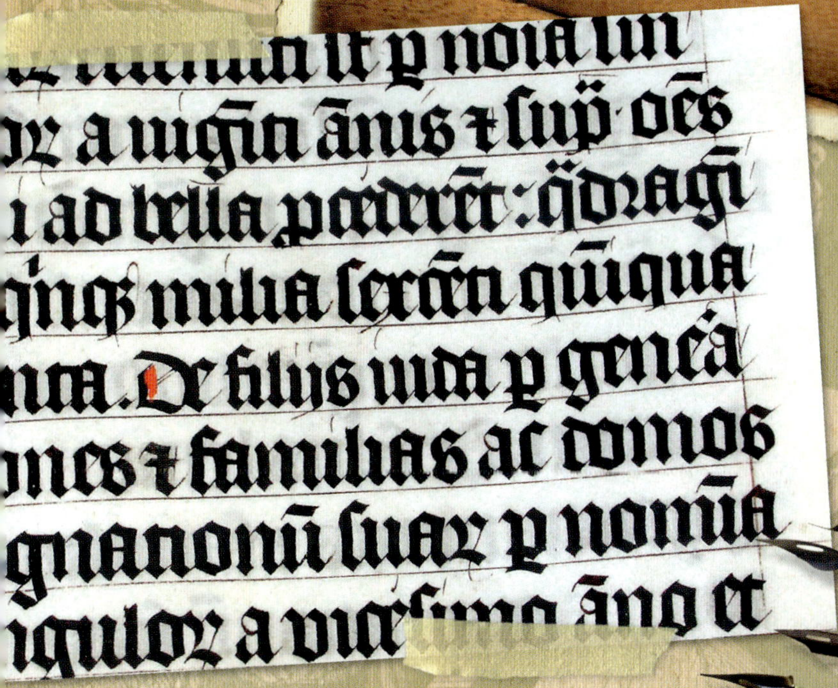

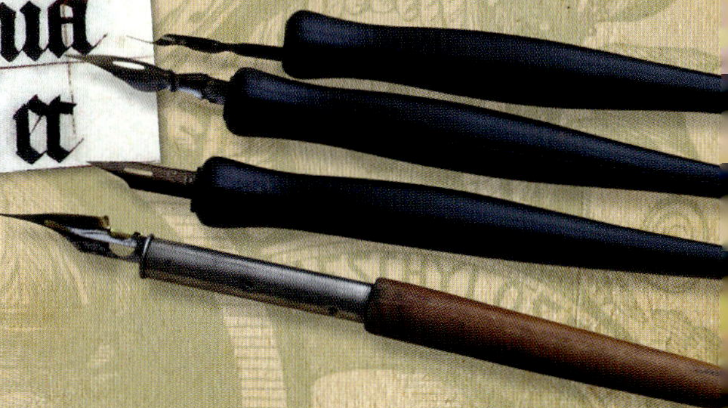

El mundo de los mitos

Tierra Media

Ronald reconoce que es incapaz de concentrarse en aquellos campos que no le apasionan, y sus estudios en filología clásica se ven sustituidos por su «romance» extracurricular con **las lenguas medievales**. En 1913, cuando Tolkien descarta la idea de cursar un segundo grado, el departamento de Filología Inglesa, más centrado en las lenguas anglosajonas y escandinavas, le invita a seguir su programa de posgrado, conocedor del potencial del joven en el ámbito de la filología comparada. Empieza a estudiar **islandés antiguo y su mitología**, como el poema «Völuspà» («La profecía de la vidente»), conservado en la *Edda poética*. También analiza **los poemas religiosos anglosajones de Cynewulf**, y en su Cristo encuentra por primera vez la expresión «Tierra Media».

Resumen

Al abandonar la filología clásica para centrarse en la inglesa, Tolkien se sumerge por completo en los textos medievales que tanto le apasionan y dedica más tiempo a crear sus propias lenguas y dar forma a su universo mitológico.

Un caballero de Oxford

En junio de 1913, Edith se traslada a la bonita aldea medieval de **Warwick**, un lugar bastante aislado a pesar de no estar muy lejos de Birmingham. Aunque es miembro devoto y practicante de la Iglesia anglicana, allí empieza a seguir sesiones de catequesis para poder casarse con Ronald, que es católico. Este se halla absolutamente inmerso en la agitada **vida social, política y académica de Oxford**, y ella se siente sola. Su prometido no la visita a menudo, y añora a sus amigos de Cheltenham y la comunidad de la Iglesia anglicana. Por otro lado, Tolkien ya es una figura importante en la esfera cultural del Exeter College: se ha convertido en **presidente de la Sociedad de Debate** y disfruta de la vida social de Oxford.

Temas relacionados

véanse también
SIEMPRE OXFORD
página 38
PROFESOR Y ERUDITO
página 40

William Morris

Como estudiante, Tolkien muestra poco interés por **la lengua y literatura inglesa posterior a Chaucer** y, como lingüista, nada le obliga a centrarse en la literatura moderna. Por este motivo, se sorprende al deleitarse con las obras fantásticas de **William Morris**, exalumno del Exeter College. Su novela ***The House of the Wolfings*** le impresiona especialmente por el uso de un lenguaje poético, arcaico y misterioso para recrear una atmósfera antigua dentro de la prosa. Poco después, a finales del verano de 1914, Tolkien escribe un largo poema titulado «El viaje de Eärendel, la estrella vespertina». Con influencias de las obras que ha estudiado, muestra una gran originalidad y sienta las bases de **su propio universo mitológico**.

Sobre los versos del poeta Cynewulf acerca de la estrella Eärendel:

«Había algo muy remoto, extraño y hermoso detrás de aquellas palabras, si es que las comprendí, mucho más allá del inglés antiguo».

J. R. R. TOLKIEN: UNA BIOGRAFÍA

A TALE OF THE HOUSE OF THE WOLFINGS AND ALL THE KINDREDS OF THE MARK WRITTEN IN PROSE AND IN VERSE BY WILLIAM MORRIS.

WHILES IN THE EARLY WINTER EVE
WE PASS AMID THE GATHERING NIGHT
SOME HOMESTEAD THAT WE HAD TO LEAVE
YEARS PAST; AND SEE ITS CANDLES BRIGHT
SHINE IN THE ROOM BESIDE THE DOOR
WHERE WE WERE MERRY YEARS AGONE
BUT NOW MUST NEVER ENTER MORE,
AS STILL THE DARK ROAD DRIVES US ON.
E'EN SO THE WORLD OF MEN MAY TURN
AT EVEN OF SOME HURRIED DAY
AND SEE THE ANCIENT GLIMMER BURN
ACROSS THE WASTE THAT HATH NO WAY;
THEN WITH THAT FAINT LIGHT IN ITS EYES
A WHILE I BID IT LINGER NEAR
AND NURSE IN WAVERING MEMORIES
THE BITTER-SWEET OF DAYS THAT WERE.

LONDON 1889: REEVES AND TURNER 196

The House of the Wolfings, de William Morris

William Morris

La *Edda poética*

La Gran Guerra

Publicación de poemas

Reino Unido declara la guerra a Alemania en 1914, y Tolkien se adhiere a un programa que le permite adiestrarse para el frente sin abandonar los estudios. Finaliza la licenciatura en Filología Inglesa y sigue desarrollando **sus lenguas inventadas**. También en este mismo periodo escribe su primer relato corto en verso y prosa, una versión dramática de «La historia de Kullervo» de la epopeya del *Kalevala*, con marcada influencia del estilo de William Morris. A pesar de los años transcurridos, sigue en contacto con el grupo T. C. B. S. y les anuncia que **quiere ser poeta**. Aunque su poesía carezca de valor literario y apenas guarde relación con las corrientes modernas, posee un estilo muy característico. *Goblin Feet* es **su primera obra publicada**, si bien el propio Tolkien critica enseguida su representación afectada del mundo de las hadas.

Resumen

Tolkien se ve profundamente afectado por su experiencia en las trincheras durante la primera guerra mundial. Las escenas desoladoras y apocalípticas, así como la pérdida de amigos íntimos lo marcan para el resto de su vida.

El frente

El envío de tropas a Francia es inminente, y Ronald y Edith, conocedores de la funesta cantidad de bajas entre los soldados británicos, deciden casarse el 22 de marzo de 1916. Poco después, **el oficial de señales Tolkien** se traslada a Calais. En los barracones escribe cartas y poemas a Edith, y consigue reunirse con los tres miembros restantes del **T. C. B. S**: Christopher Wiseman, Robert Gilson y Geoffrey Bache Smith (sus mejores amigos). Todos son oficiales en distintos batallones y, cuando son destinados al **frente occidental** para la funesta la batalla del Somme, el 30 de junio de 1916, Tolkien es el último en entrar en acción en el infierno y el barro de las trincheras.

Temas relacionados

véanse también
TIEMPOS DE GUERRA EN OXFORD
página 52
PREOCUPACIONES E INQUIETUDES
página 100

La batalla del Somme

Durante la primera guerra mundial, J. R. R. Tolkien entra en combate por primera y última vez en una de las batallas más sangrientas de la historia: **la batalla del Somme**. Mientras los soldados británicos y franceses intentan avanzar, se ven sometidos a la acción incesante de la artillería alemana. Tolkien consigue volver a su trinchera una y otra vez sin sufrir daños físicos. La violencia de la escena convierte el lugar en un infierno. Él y sus amigos del T. C. B. S. hablan de poesía y guerra, y de qué esperanza le queda a la humanidad después de semejantes atrocidades. Contrae la llamada «fiebre de las trincheras» y es trasladado de vuelta a un hospital de Inglaterra. Sus amigos Robert Gilson y Geoffrey Bache Smith han muerto: **su «comunidad» se ha roto para siempre**.

«Mi "Sam Gamgee" representa sin duda al soldado británico, a los asistentes y ordenanzas que conocí en la guerra de 1914, y lo reconozco como muy superior a mí mismo».

J. R. R. TOLKIEN: UNA BIOGRAFÍA

Soldados franceses, primera guerra mundial

La pistola de Tolkien durante la primera guerra mundial

Un nuevo universo mitológico

Una mitología extensa

A su retorno del frente francés, invadido por un sentimiento de determinación y deuda para con sus hermanos caídos del T. C. B. S., con quienes había compartido grandes **inquietudes artísticas**, Tolkien empieza a concebir su epopeya. En su adorada campiña inglesa, y junto a Edith, empieza a hacer esquemas y a tomar notas con el objetivo de crear **un extenso corpus de mitos** que abarque desde la esfera de los dioses hasta los romances carnales, desde los albores hasta el fin de los tiempos. Christopher Wiseman le escribe y le anima a componer su obra maestra, convencido de que ha llegado la hora. Tolkien inicia un ambicioso proyecto que le ocupará el resto de su vida: ***El Silmarillion***.

Una familia feliz

Las recurrentes enfermedades evitan a Tolkien tener que volver al frente, lo que le permite consagrarse en cuerpo y alma a lo que confía que será su ópera prima. El 16 de noviembre de 1917, Edith da a luz a su primer hijo, **John Francis Reuel**. Son tiempos felices: Edith se dedica a copiar las historias de Ronald en una gran libreta, y la familia da largos paseos por los bosques de los alrededores de **su hogar en Staffordshire**. Se acerca el fin de la guerra, Tolkien consigue un estimulante puesto de trabajo como lexicógrafo del ***Nuevo Diccionario Inglés*** y se trasladan a Oxford. Su pasión por la terminología se refleja en su labor; algunas de las entradas en las que participa son *waistcoat* («chaleco»), *walnut* («nuez», «nogal»), ***walrus*** («morsa») y *wampum* («cinta con abalorios»).

Joven profesor

Casi por casualidad, Tolkien solicita un puesto en **la Universidad de Leeds** y, para sorpresa de él y su esposa, se lo adjudican. En octubre de 1920 se trasladan al norte de Inglaterra. El nuevo trabajo coincide con el nacimiento del segundo hijo del matrimonio, **Michael Hilary Reuel**. En un primer momento, Tolkien se arrepiente de haber trasladado a su joven familia desde la bonita ciudad de Oxford hasta un entorno tan industrial y desapacible como Leeds, pero no tardan en integrarse. En 1924, con apenas 32 años, es nombrado **catedrático de Lengua Inglesa**. Con el tiempo, contribuirá de forma decisiva a que el departamento de Inglés se convierta en el mejor del país.

Resumen

Tolkien consigue un estimulante puesto de trabajo en el *Nuevo Diccionario Inglés* y, más tarde, en la Universidad de Leeds; paralelamente, sigue trabajando en la creación del universo mitológico que conformará la base de su obra maestra.

Temas relacionados

véanse también

SIEMPRE OXFORD
página 38
EL SILMARILLION
página 96

Sobre sus estudiantes de Leeds:

«Estoy por completo a favor de los "lentos y desganados". Una proporción sorprendentemente grande de ellos se demuestra "educable", dado que la primera condición para esto es la voluntad de trabajar».

J. R. R. TOLKIEN: UNA BIOGRAFÍA

Universidad de Leeds

Siempre Oxford

Retorno a la ciudad de los chapiteles

El **Pembroke College** de **Oxford** ofrece a Tolkien la cátedra de Anglosajón en 1925. En dicha ciudad permanecerá los siguientes veinte años. Tras el nacimiento de su tercer hijo, Christopher Reuel, en 1924, Edith está feliz de dar a luz, por fin, a una niña, Priscilla, en 1929. A los Tolkien les sienta bien la vida en Oxford. Ronald es nombrado **mejor profesor** por los estudiantes, que saben apreciar su carácter apasionado, su sentido del humor y sus clases amenas (a pesar de tener un discurso célebremente peculiar). Junto con otros catedráticos, forma un círculo de lectores que se reúne por las noches para analizar las **sagas islandesas**, y no deja de escribir y revisar los relatos de *El Silmarillion*.

Resumen

Cuando la familia se instala en Oxford, Tolkien se da a conocer como un colega y profesor extraordinariamente popular; en la universidad lleva una vida profesional y social muy gratificante.

Un hombre extraordinario

Aparentemente, el creador de los mundos fantásticos de *El Silmarillion*, *El hobbit* y *El señor de los anillos* es un hombre normal y corriente. De hecho, dejando de lado su genial vertiente académica, puede afirmarse que es **la personificación de la sencillez**. La familia vive en **Northmoor Road, en las afueras de Oxford**, y se las arregla con el modesto salario que él percibe como profesor universitario. No visten ropas elegantes ni pasan las vacaciones en destinos exóticos; en cambio, visitan las poblaciones cercanas y disfrutan paseando por el campo. Más tarde, Tolkien se dará a conocer como un hombre discreto, al que le gusta relacionarse con la familia y su círculo de amigos íntimos de Oxford; pero aunque su estilo de vida sea tranquilo, en su cabeza no deja de crear **mundos de fantasía**.

Temas relacionados

véanse también
OXFORD
página 30
LA VIDA EN OXFORD
página 44

Un hombre comprometido

Aunque es un hombre que no llama la atención, quienes lo conocen como profesor y figura pública de Oxford destacan su carácter **apasionado** y su humanidad. En nada se parece a algunos de sus colegas, fríos y distantes. Le duele e indigna la irrupción del lúgubre paisaje industrial en su querida campiña inglesa, y se siente especialmente disgustado al ver **la degradación de algunos lugares emblemáticos** de su infancia, como Sarehole. Tolkien es, en definitiva, un hombre bueno y un filántropo que necesita poco más que la compañía de sus amigos. Siempre tiene un trato fácil, ajeno **al clasismo** que muestran algunos de sus colegas de la universidad.

«Gozo de un sentido del humor muy simple, que incluso mis críticos más benevolentes juzgan terrible».

J. R. R. TOLKIEN: UNA BIOGRAFÍA

Calle principal de Oxford

Hogar de los Tolkien en Northmoor Road, Oxford

Profesor y erudito

Lecciones sobre «Beowulf»

Tolkien es un profesor muy popular tanto en Leeds como en Oxford, si bien las aulas no son el terreno en que se siente más cómodo. Desde niño, tiene **problemas de dicción** que dificultan la comprensión de su discurso y, a veces, en las clases le cuesta ser sucinto, pues su inagotable conocimiento le tienta constantemente a enlazar un tema con otro. Sin embargo, sus estudiantes siempre recordarán con cariño **su pasión contagiosa** por las materias que imparte, sus impresionantes dotes intelectuales y, por encima de todo, el entusiasmo que muestra en sus lecciones sobre «**Beowulf**»

El bardo

Años más tarde, uno de los estudiantes de Tolkien recordará cómo el profesor transformaba las clases en un salón de celebraciones vikingo, donde él era el bardo y los alumnos, los oyentes invitados al festín. Junto con sus colegas, entre ellos un todavía desconocido C. S. Lewis, contribuye a popularizar y dinamizar un departamento que hasta entonces tiene fama de tedioso. El poeta W. H. Auden, estudiante de Oxford por aquel entonces, escribirá a Tolkien años después para agradecerle sus clases y la inolvidable experiencia que supuso verlo recitar el poema «**Beowulf**» **original en inglés antiguo** con una voz que le pareció la del mismísimo Gandalf.

El perfeccionista

Incluso en un campo tan escrupuloso como la filología, la atención de Tolkien por el detalle, los patrones léxicos y **la evolución de las palabras** bien podría calificarse de obsesiva. Es un auténtico detective de la lengua y, a menudo, llega a conclusiones notables a partir de **minuciosas investigaciones** sobre cuestiones filológicas aparentemente inconexas entre sí. Durante el curso académico, imparte un sinfín de clases y colabora como investigador externo con varias universidades británicas, siempre consciente de que debe mantener a una familia. Además, rediseña el programa de estudios del departamento de Inglés de Oxford y publica algunos de los ensayos filológicos más importantes de la década de 1930, entre ellos, su revolucionaria conferencia ***Beowulf: Los monstruos y los críticos***, en 1934.

Resumen

Tolkien es un profesor muy popular tanto en Leeds como en Oxford; el número de estudiantes inscritos en las materias que imparte aumenta de forma espectacular.

Temas relacionados

véanse también
AÑOS DE ESCUELA
página 24
EL MUNDO DE LOS MITOS
página 32

«Un dragón no es mera fantasía. Incluso hoy en día hay grandes conocedores de las historias y leyendas trágicas que han oído hablar de héroes, e incluso los han visto, y sin embargo quedan fascinados por las serpientes».

***BEOWULF: LOS MONSTRUOS Y LOS CRÍTICOS*, 1934**

El poeta W. H. Auden

El manuscrito de «Beowulf», fechado entre los siglos VIII y XI

Beowulf, edición alemana de 1904

El círculo Inklings

Una gran amistad

La amistad entre J. R. R. Tolkien y **Clive Staples Lewis**, autor de *Las crónicas de Narnia*, es una de las más célebres de la literatura inglesa. Juntos fomentan la colaboración estrecha entre sus respectivos departamentos de Lengua y Literatura para la mejora de la calidad educativa de la universidad. Su amistad es fuente constante de apoyo, crítica constructiva y **estímulo intelectual**. Están tan unidos que, cuando Lewis habla del vínculo platónico que puede darse entre dos hombres en su obra *Los cuatro amores*, está sin duda hablando de Tolkien. Sintonizan por sus experiencias en la guerra, su pasión por **las sagas escandinavas** y su fe en Dios, pues Lewis se está convirtiendo al cristianismo en el momento de conocerse.

Resumen

Probablemente, Tolkien nunca habría finalizado las obras que lo han hecho célebre sin el estímulo y los consejos del círculo Inklings.

El pub The Eagle and Child

En 1931, Tolkien y Lewis se unen al círculo literario **los Inklings**, cuyos miembros leen y comentan sus obras no publicadas. El grupo original se deshace, pero ellos adoptan el nombre para su propio círculo de amigos, todos varones, cristianos y amantes de la literatura, que se reúne en el pub **The Eagle and Child** de Oxford. Lejos de ser un cenáculo solemne y ambicioso, se trata más bien de encuentros informales entre amigos con inquietudes intelectuales para intercambiar opiniones sinceras. Algunos jueves por la noche se reúnen en las dependencias de Lewis en **el Magdalen College**, encienden la chimenea y, por turnos, leen sus relatos. Con los años, los Inklings acabarán formando parte de la historia de la literatura.

Temas relacionados

véanse también

LA GRAN GUERRA
página 34
SIEMPRE OXFORD
página 38

Un ambiente estimulante

Los **miembros** del círculo Inklings son personalidades formidables. Si bien algunos acuden de forma irregular, los asiduos son *Warnie* Lewis (hermano de C. S. Lewis), R. E. Harvard (doctor de Oxford), Owen Barfield (abogado) y Hugo Dyson (catedrático de Inglés de la Universidad de Reading). En 1939, a inicios de la segunda guerra mundial, se les une el carismático poeta y novelista Charles Williams, quien por esas fechas trabaja para **Oxford University Press**. Beben y fuman sus pipas mientras cada uno lee en voz alta los últimos capítulos que ha escrito, animándose mutuamente y haciendo crítica constructiva, con la propuesta de la eliminación de tales pasajes y la ampliación de tales otros. En compañía de este grupo genial y entusiasta de **amantes de la literatura**, Tolkien da a conocer su obra, empezando por el minucioso trabajo de los primeros capítulos de *El Silmarillion*.

«Todo escritor que crea un mundo nuevo desea, hasta cierto punto, ser un verdadero creador a partir de la realidad».

SOBRE LOS CUENTOS DE HADAS

Pub The Eagle and Child, Oxford

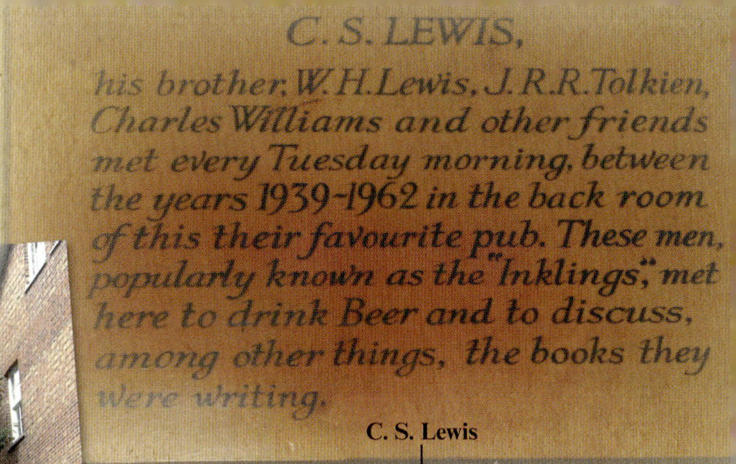

C. S. Lewis

Magdalen College, Oxford

La vida en Oxford

La esposa del profesor universitario

Edith Tolkien siente devoción por su marido, pero no se adapta fácilmente al papel de **esposa de un profesor de Oxford**. Durante la primera etapa en la ciudad, su timidez y falta de inquietudes intelectuales le impiden hacer amigos. En cambio, en el entorno académico de Leeds, menos estricto, se siente más a gusto e incluso entabla amistades de por vida con algunos alumnos de Tolkien que acuden al hogar familiar para recibir tutorías. **De nuevo en Oxford**, él centra su atención en sus amigos del círculo Inklings, y ella vuelve a sentirse sola. A pesar de todo, el matrimonio nunca pone en duda el profundo cariño que les une, y él encuentra en ella una musa, que le inspira personajes como las elfas **Lúthien Tinúviel** y **Arwen Undómiel**.

Resumen

Tolkien es un hombre familiar y un padre cariñoso cuyo entusiasmo por divertir y entretener a sus hijos da origen a sus novelas.

Vida en familia

A pesar de las dificultades que la vida en Oxford le plantea, Edith se gana el afecto de quienes la conocen, y tanto ella como Ronald **adoran la vida familiar**. Sienten devoción por sus hijos y los ven crecer con orgullo. Tolkien es un padre extremamente afable y cariñoso, y no se avergüenza de mostrarlo en público; incluso se entrega a **graciosos juegos infantiles**, haciendo gala de su sentido del humor. Cuando la familia se compra **su primer coche** (y Ronald se revela como un conductor temerario), visitan los pueblos de la costa y a los amigos de la familia, como el ya anciano padre Francis o el tío Hilary, agricultor en una granja de los alrededores de Evesham.

Temas relacionados

véanse también

SIEMPRE OXFORD
página 38
DESPUÉS DE TOLKIEN
página 104

La prole

Los cuatro hijos de Tolkien guardan **un excelente recuerdo de su infancia** y se convierten en personas dignas de la admiración de sus padres. El mayor, John, es nombrado sacerdote. Michael recibe **la Medalla de George** por su actuación heroica en la batalla de Inglaterra y, tras la guerra, finaliza su licenciatura y trabaja como profesor de Filología Clásica en el Stoneyhurst College, una prestigiosa institución católica de Lancashire. Christopher llega a ser **profesor del New College** de Oxford, donde imparte clases de inglés medio, anglosajón y nórdico antiguo; además, colabora estrechamente con su padre mientras este escribe sus célebres novelas y se convierte en miembro de los Inklings. Priscilla, la hija que tanto desearon, difunde el legado de su padre y patrocina **organizaciones benéficas y conferencias**.

«Ella era (y sabía que lo era) mi Lúthien. Ya no digo nada más».

J. R. R. TOLKIEN: UNA BIOGRAFÍA

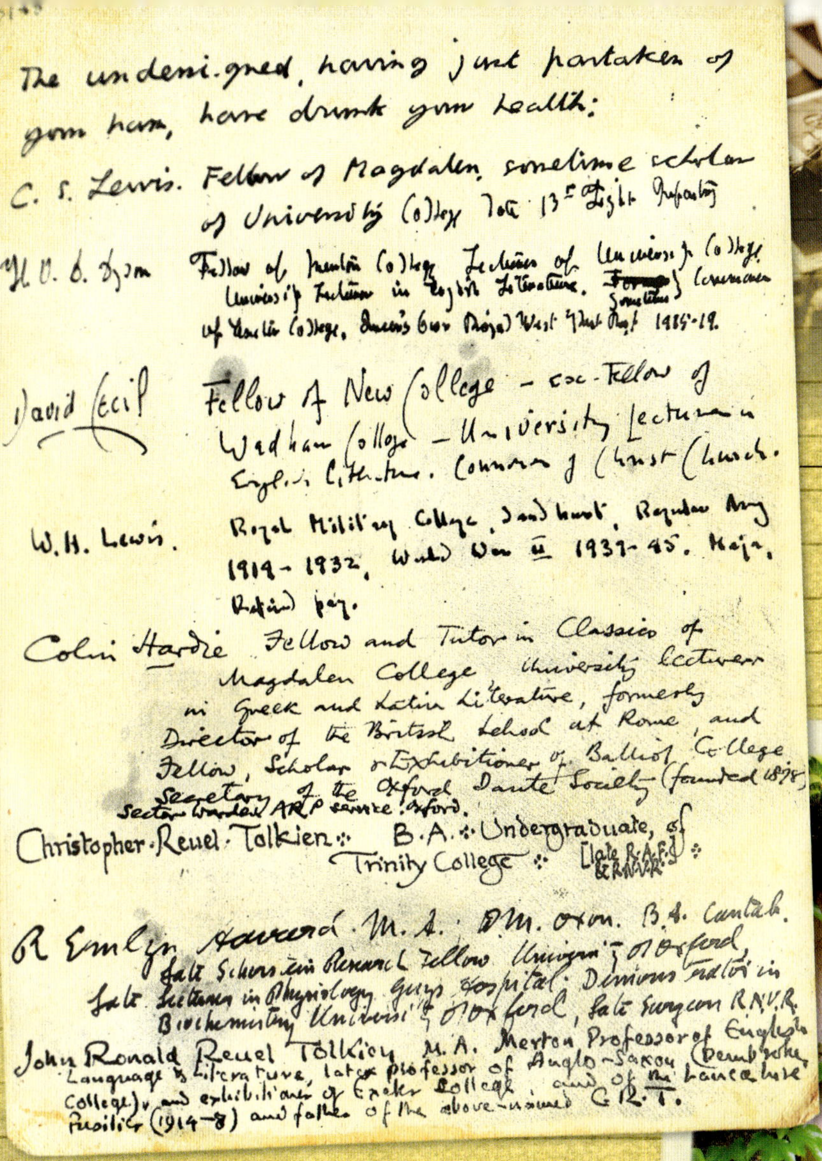

The undersigned, having just partaken of your ham, have drunk your health:

C. S. Lewis. Fellow of Magdalen, sometime scholar of University College. Lt. 3rd Light Infantry

H. V. D. Dyson Fellow of Merton College. Lecturer of University College. University Lecturer in English Literature. ~~Formerly~~ Sometime Commoner of Merton College. Queen's Own Royal West Kent Regt 1915-19.

David Cecil Fellow of New College – ex-Fellow of Wadham College – University Lecturer in English Literature. Commoner of Christ Church.

W. H. Lewis. Royal Military College, Sandhurst, Regular Army 1914 – 1932, World War II 1939 – 45. Major, Retired pay.

Colin Hardie Fellow and Tutor in Classics of Magdalen College University Lecturer in Greek and Latin Literature, formerly Director of the British School at Rome, and Fellow, Scholar or Exhibitioner of Balliol College Secretary of the Oxford Dante Society (founded 1878) Sector Warden ARP service Oxford.

Christopher Reuel Tolkien ∴ B.A. ∴ Undergraduate, of Trinity College ∴ [late R.A.F.] & R.N.V.R. ∴

R Emlyn Havard M.A. D.M. Oxon. B.A. Cantab. Late Scholar and Research Fellow University of Oxford, Late Lecturer in Physiology Guys Hospital: Demonstrator in Biochemistry University of Oxford, late Surgeon R.N.V.R.

John Ronald Reuel Tolkien M.A. Merton Professor of English Language & Literature, later Professor of Anglo-Saxon (Pembroke College), and exhibitioner of Exeter College and of the Lancashire Fusiliers (1914–8) and father of the above-named C.R.T.

Lista de los miembros del círculo Inklings, escrita en el pub The Eagle and Child

Puerta principal del hogar de los Tolkien

Relatos

Desde el Polo Norte

Desde el nacimiento de su primer hijo, John, Tolkien inventa **historias de aventuras** con personajes sencillos pero dinámicos para entretener a sus niños. Todas las Navidades, la familia recibe una larga carta ilustrada de **Papá Noel** en que explica cómo le ha ido el año en el Polo Norte. Tolkien dibuja estupendamente bien, y las imágenes coloridas y detalladas que acompañan las cartas (y pronto también las historias que empezará a escribir) son parte importante de su encanto. Poco antes de que la familia se instale en Leeds, empieza a inventar elaborados y divertidos **cuentos de cuna** para sus niños.

Resumen

Instalado en Oxford, Tolkien inventa cuentos maravillosos inspirados en las historias que les cuenta a sus hijos y empieza a ponerlos negro sobre blanco.

Giro hacia la prosa

Durante las décadas de 1920 y 1930, y paralelamente a sus trabajos académicos, Tolkien inventa cuentos para sus hijos que más tarde se convertirán en *El hobbit* y *El señor de los anillos*. Durante este periodo, simplifica **su técnica narrativa** y empieza a considerar en serio las posibilidades de la prosa. Aunque sigue **componiendo poesía**, se centra en las historias que acabarán conformando *El señor Bliss*, *Roverandom* y *Egidio, el granjero de Ham*. Este nuevo interés se debe, en parte, a una conversación con C. S. Lewis sobre los pocos relatos publicados próximos a sus gustos literarios, tras la cual se proponen escribir ellos mismos «**grandes novelas**».

Temas relacionados

véanse también

LA GESTACIÓN DE *EL HOBBIT*
página 48
EL HOBBIT
página 66

La hoja en blanco

En el verano de 1928, como todos los años, Tolkien se saca un sobresueldo corrigiendo **exámenes oficiales**. Sentado en su despacho junto a una ventana abierta, pasa aburrido las hojas hasta que, de repente, da con una completamente en blanco; algo que, según afirmará él mismo años después, «es lo mejor que le puede ocurrir a un examinador». El propio autor contaría más tarde que en aquella hoja empezó a escribir: «**En un agujero en el suelo vivía un hobbit**», sin tener ni idea de qué era un hobbit (hacía poco había leído la novela *Babbitt*, de Sinclair Lewis), y que, al reflexionar sobre la frase, creyó haber descubierto qué y cómo eran dichos seres.

«Me parece un recurso demasiado fácil escribir capítulos de apertura si la historia no está desarrollada todavía».

J. R. R. TOLKIEN: UNA BIOGRAFÍA

The HOBBIT

or There and Back Again

by J. R. R. TOLKIEN

Illustrated by the author

HOUGHTON MIFFLIN COMPANY BOSTON

Primera página de *El hobbit*

La gestación de *El hobbit*

Un relato inacabado

Durante largo tiempo (años, de hecho), la existencia de la raza de los hobbit se limita a **una simple frase en una hoja de examen en blanco**. El único desarrollo de la historia que Tolkien crea es el mapa de Thror, el antiguo documento que más tarde lleva a **Bilbo Bolsón** a emprender su periplo. Como muchos otros cuentos que inventa en aquel momento, sigue con la idea en mente, pero todavía tarda mucho en completarla y escribirla. Durante estos años, les cuenta las aventuras de los Bolsón a sus hijos antes de dormir, **creando versiones y desenlaces distintos** que finalmente descartará para la historia definitiva.

Resumen

Con la publicación de *El hobbit*, Tolkien se convierte en un famoso autor de novelas fantásticas juveniles; pero el mundo aún no conoce el verdadero alcance de su inagotable imaginación.

Publicación de la novela de aventuras

Una de las pocas personas que ve el manuscrito mecanografiado (e inacabado) de *El hobbit* es la exalumna de Tolkien y amiga de la familia **Elaine Griffiths**. Cuando entra a trabajar para la editorial londinense George Allen & Unwin, recomienda que contacten con el profesor y echen un vistazo a **su maravilloso cuento infantil**. Tolkien accede con gusto a mostrarles el manuscrito; la editorial queda encantada y le pide que lo acabe para su posible publicación al año siguiente. El autor se pone manos a la obra y, en **octubre de 1936**, entrega el relato completo. El presidente de la editorial, Stanley Unwin, muestra la novela a su hijo **Rayner**, de diez años, quien, después de leerla, redacta una pequeña reseña favorable que acaba de convencer a su padre.

Temas relacionados

véanse también
LA TRILOGÍA
página 54
EL HOBBIT
página 66

Un éxito de ventas

George Allen & Unwin pública *El hobbit* el 21 de septiembre de 1937. Tolkien espera la reacción de sus colegas de Oxford, quienes probablemente se preguntan a qué dedica el tiempo y el dinero de las subvenciones que recibe; sin embargo, la publicación pasa bastante desapercibida entre los académicos. En la esfera literaria, en cambio, la novela recibe **críticas positivas** (sobre todo, la de C. S. Lewis en el suplemento literario de *The Times*). También es bien acogida en Estados Unidos, donde es elegida por el *New York Herald Tribune* como **mejor novela juvenil del año**. A finales de 1937, a los editores de Tolkien ya no les cabe duda de que han fichado a un autor de superventas juveniles.

«La Tierra Media es nuestro mundo. [Por supuesto], he situado la acción en un periodo de la Antigüedad puramente imaginario, en que la forma de las masas continentales era distinta».

J. R. R TOLKIEN: UNA BIOGRAFÍA

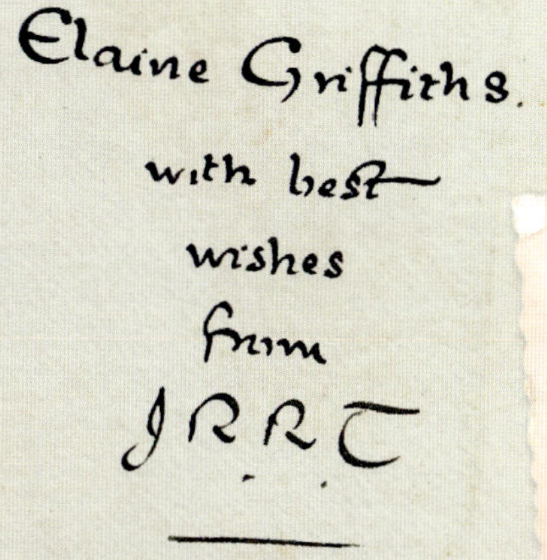

Rayner Unwin

Autor de literatura infantil

El verdadero hobbit

Décadas después de la publicación de la novela, al reflexionar sobre el origen de los hobbits, Tolkien afirma que están inspirados en su particular visión de los habitantes de la **campiña inglesa** y que representan, en muchos sentidos, el «carácter» inglés tradicional. También establece paralelismos entre los personajes de la popular raza ficticia y él mismo. Al fin y al cabo, guarda una relación muy especial con el hermoso **paisaje rural** inglés ya desde la niñez y los días felices que pasó con su madre en Sarehole. Además, le encanta la cerveza rubia, es **un fumador de pipa** empedernido, poco aventurero en sus viajes y gustos, y disfruta de las cosas sencillas de la vida. Más adelante, incluso se aficiona a los chalecos coloridos.

La siguiente novela

El editor, Stanley Unwin, desea **aprovechar el éxito** de *El hobbit*, de manera que en los meses siguientes se reúne a menudo con su autor para concretar el próximo lanzamiento. Tolkien le ofrece sus manuscritos casi acabados, entre ellos *El señor Bliss*; *Egidio, el granjero de Ham*, y, finalmente, *El Silmarillion*. A Unwin le gustan todos, en especial algunas partes de este último, pero no está convencido de que sean lo que busca. Se hace evidente que **lo que el público quiere son más hobbits**. Tolkien también se da cuenta de ello y, aunque en un primer momento cree que **Bilbo Bolsón** ya no da más de sí, empieza a concebir las próximas aventuras de los entrañables habitantes de la Comarca.

Una aventura más oscura

Tolkien decide escribir las aventuras del sobrino de Bilbo, Bingo Bolsón, e identifica algunos **elementos poco explotados** de *El hobbit*, entre ellos el origen del anillo mágico que Bilbo encuentra en la guarida del monstruoso **Gollum**. Ese otoño de 1939, a medida que escribe en el reverso de las hojas de antiguos exámenes, sentado en su despacho hasta altas horas de la noche, la historia se vuelve más larga, densa y mucho más oscura que el «relato infantil» de *El hobbit*. De hecho, se parece más a *El Silmarillion*, nunca concebido para niños. Tolkien empieza a darse cuenta de la seriedad del tono y las temáticas de su nueva obra e, insatisfecho con el nombre del protagonista, **lo rebautiza como Frodo**.

Resumen

Tolkien pasa mucho tiempo atando los cabos de la secuela de *El hobbit*, que nunca concibió como primera parte de una historia más larga. Tras desestimarse la publicación de *El Silmarillion*, decide seguir escribiendo sobre los héroes de la Tierra Media.

Temas relacionados

véanse también
EL HOBBIT
página 66
RELATOS CORTOS
página 98

«La fantasía es evasión: he ahí su grandeza. Si un soldado es apresado por el enemigo, ¿no creemos que su deber es intentar escapar?».

J. R. R. TOLKIEN: MAESTRO DE LA TIERRA MEDIA

Tiempos de guerra en Oxford

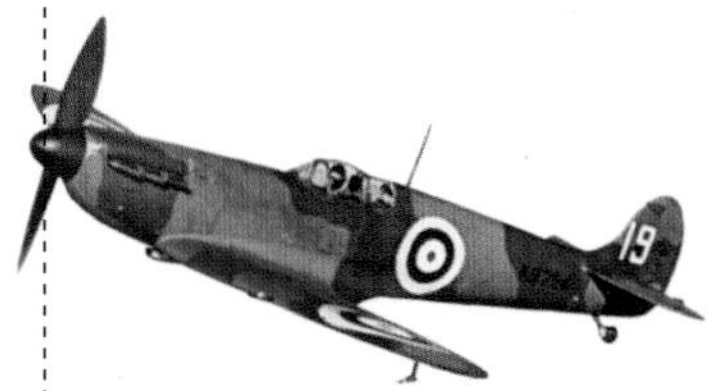

Cómoda rutina

Tras la publicación de *El hobbit*, Tolkien desarrolla y redacta su nueva novela (que se expande e intensifica a medida que avanza) inmerso en la cómoda **rutina de la vida académica**. Da célebres conferencias por todo el país, en especial sobre su revolucionario análisis de «Beowulf», y participa en el ciclo de **conferencias Andrew Lang** sobre literatura fantástica, que se celebrada cada año en **la Universidad de St. Andrews**, Escocia. En 1939 el Reino Unido entra en guerra contra la Alemania nazi, y los mayores contratiempos del autor son las pequeñeces de la vida doméstica. Los tres hijos varones han abandonado el hogar familiar y el matrimonio necesita ayuda para las tareas domésticas, por lo que ofrecen alojamiento a **refugiados** y huéspedes.

Resumen

Aunque la guerra afecta poco al trabajo de Tolkien en Oxford, le permite dedicar más tiempo a escribir la secuela de *El hobbit*; sin embargo, no siempre lo aprovecha.

Un proyecto desmesurado

Tolkien es uno de los pocos catedráticos de Oxford que no colabora con **el Departamento de Guerra**. A medida que avanza el conflicto, es testimonio de los cambios de la universidad para adaptarse a la nueva situación de los estudiantes que se preparan para luchar por su país. En un escenario marcado por **trágicos acontecimientos mundiales**, sigue adelante con su novela. No obstante, **su epopeya es tan extensa** que a veces siente que se le escapa de las manos y no puede más. Pasa periodos sin escribir; el más largo, todo un año, en 1940.

Temas relacionados

véanse también
LA GRAN GUERRA
página 34
SIEMPRE OXFORD
página 38

Distanciamiento de una gran amistad

La guerra termina en 1945 y Oxford trata de volver a la normalidad. Tolkien es nombrado ***Merton Professor*** **de Lengua y Literatura Inglesa**, y como tal, pasa a formar parte de la junta que debe escoger al candidato para ocupar la cátedra de Literatura Inglesa. Su **débil apoyo** a la candidatura de su gran amigo C. S. Lewis (que es desestimada) marca el inicio de **un periodo de progresivo distanciamiento** durante las décadas siguientes. Aunque Tolkien continúa consultándole la opinión sobre sus obras, a menudo se muestran en desacuerdo y poco a poco dejan de verse. Además, Tolkien no logra disimular lo poco que le agradan *Las crónicas de Narnia*, que Lewis viene escribiendo desde su primera lectura ante los Inklings de *El león, la bruja y el armario* en 1949.

«Arde en mí un rencor íntimo contra esta guerra, contra ese maldito ignorante que es Adolf Hitler, por profanar para siempre el noble espíritu de los pueblos del norte y su altísima contribución a la cultura europea».

CARTAS DE J. R. R. TOLKIEN

Merton College, Oxford

Refugiados esperan el tren hacia la campiña

Oxford durante la guerra

La trilogía

De nuevo, Rayner

En al verano de 1947, **Rayner Unwin**, el hijo de Stanley Unwin que de niño ha redactado una reseña favorable de *El hobbit*, recibe el texto mecanografiado acabado de *El señor de los anillos*. Ahora es estudiante de Oxford y amigo de Tolkien, y apoya con entusiasmo **la publicación del libro** por parte de la editorial de su padre. Stanley hace llegar la reseña de Rayner a Tolkien, quien objeta dos comentarios que persistirán para siempre acerca de *El señor de los anillos*: la comparación con ***El anillo del nibelungo***, de Wagner, y la afirmación de que la historia es una alegoría. Tolkien rechaza absolutamente ambas suposiciones hasta el final de su vida, y mantiene una especial aversión por cualquier tipo de alegoría literaria.

Resumen

La edición de *El señor de los anillos* resulta un periplo largo y difícil, pero finalmente George Allen & Unwin publica la novela en 1954.

Relatos interdependientes

En al otoño de 1949, tras pasar largos meses revisando a fondo todas y cada una de las frases del extensísimo manuscrito, Tolkien mecanografía su novela y envía una copia a C. S. Lewis, quien se rinde ante **su *maravillosa grandeza***: «No tiene igual entre las obras narrativas que haya podido conocer». La novela, que **ha tardado doce años en escribir**, por fin está completa, pero su edición no será un camino fácil ni rápido. Tolkien cree que *El señor de los anillos* y *El Silmarillion* son **relatos interdependientes**, y que la nueva novela, que Stanley Unwin aún no ha visto, no puede publicarse sin la anterior, que el editor había rechazado muchos años antes.

Temas relacionados
véanse también

LA GESTACIÓN DE *EL HOBBIT*
página 48
LA «SECUELA»
página 74

Tres volúmenes, una sola novela

Tras largas negociaciones, e incluso el flirteo de Tolkien con otra editorial, este cede en su intención de publicar *El Silmarillion*. Finalmente, la supervisión de la edición de *El señor de los anillos* recae en Rayner Unwin, quien ahora trabaja en la empresa de su padre. Debido a **la extraordinaria naturaleza de la obra**, el elevado coste del papel en la Inglaterra de posguerra y la extensión del manuscrito, Tolkien accede, muy a su pesar, a publicar la novela en **tres volúmenes** y, aunque siempre la ha concebido como un relato continuo y no como una trilogía, da un título a cada entrega. El 29 de julio de 1954 (dieciséis años después de la publicación de *El hobbit*), ***La comunidad del anillo*** se da a conocer al mundo.

«El señor de los anillos está escrito en mi sangre, tal como esta sea, clara o espesa; y no podría ser de otro modo».
CARTAS DE J. R. R. TOLKIEN

El anillo del nibelungo

Tolkien en su despacho

Éxito

La reacción de los lectores

En octubre de 1955 ya se han publicado los tres volúmenes de *El señor de los anillos*, y tanto partidarios como detractores pueden juzgar la novela completa. Pronto se hace evidente que suscita **reacciones opuestas entre los lectores** (y así seguirá siendo durante el resto de la vida de Tolkien). Los defensores, como C. S. Lewis y W. H. Auden, proclaman sus virtudes a los cuatro vientos, pues la consideran **una obra maestra de la literatura**. Otros, en cambio, la tachan de infantil y carente de personajes redondos. Sea como fuere, su popularidad no deja de aumentar y Tolkien pasa la mayor parte del tiempo libre respondiendo **cartas de seguidores**.

Edición no autorizada

Durante años, la edición de la novela en tapa dura se vende bien, pero cuando la editorial neoyorquina **Ace Books** lanza una edición de bolsillo no autorizada en 1965, las ventas realmente se disparan. Tolkien, su editor británico e incluso su creciente ejército de seguidores estadounidenses, emprenden acciones que finalmente obligan a Ace Books a pagar al autor los *royalties* de cada ejemplar vendido. En cualquier caso, la edición de bolsillo no autorizada entra en **la lista de superventas**. Pronto, El *señor de los anillos* supera a *El señor de las moscas* y *El guardián entre el centeno*. Los estudiantes estadounidenses se enganchan a **las aventuras de Frodo**, crean clubes de fans y obligan a la comunidad académica a tomarse el libro en serio.

Un hombre muy solicitado

Tolkien es amante de la rutina, pero su carácter cortés le impide negarse a recibir a los **numerosos seguidores** que acuden a verlo a Oxford. En la década de 1960, empiezan a aparecer lectores estadounidenses que acuden en **un peregrinaje para ver al «gran hombre»**, miembros de The Tolkien Society of America, así como académicos de primera línea deseosos de conversar acerca de sus mundos de ficción y del esperadísimo próximo lanzamiento de *El Silmarillion*. Tolkien empieza a **sentirse abrumado ante tanta atención**, en especial, la mediática. Aunque siempre ha sido una persona muy sociable, cuando se jubila en 1959 prefiere pasar el tiempo en casa con Edith.

Resumen

Aunque la edición en tapa dura de la novela funciona bien durante años, la publicidad generada por la disputa con Ace Books hace que, a finales de 1968, *El señor de los anillos* haya vendido más de tres millones de ejemplares en todo el mundo.

Temas relacionados

véanse también
UN ÉXITO PERDURABLE
página 112
FANTASÍA ÉPICA
página 116

«Ser un personaje de culto en vida, siento decirlo, no es muy agradable. A pesar de todo, no creo que le haga presuntuoso a uno: a mí, en cualquier caso, me hace sentir terriblemente pequeño y fuera de lugar».

J. R. R. TOLKIEN: UNA BIOGRAFÍA

76

La última aventura

La jubilación

Tras cuarenta años viviendo bajo la presión y los horarios de la vida académica, Tolkien **se jubila en 1959**, y la verdad es que no le resulta fácil adaptarse a la nueva situación. Edith está delicada y padece una artritis que le dificulta la movilidad. Además, viven a 3 kilómetros del centro de Oxford y poco a poco dejan de ver a los amigos. Él sigue recibiendo invitaciones a cenas de la facultad y todo tipo de eventos públicos, pero, deseoso de **atender en todo momento a Edith**, rara vez las acepta. Escribe y publica nuevas obras, pero *El Silmarillion* **permanece inacabado**.

En la costa

En 1968, con casi ochenta años, los Tolkien deciden trasladarse a la localidad de **Bournemouth**, con una población muy similar a ellos en edad y condición social. Aunque a priori resulte sorprendente que abandonen su querido Oxford, durante años la familia ha disfrutado ahí de **sus vacaciones en el mar**, y Edith, a quien nunca le ha sido fácil relacionarse con el círculo académico de Oxford, tiene muchos amigos en la costa. Se siente **absolutamente feliz**, y Tolkien, liberado de la atención de los admiradores, encuentra el tiempo y el espacio adecuado para centrarse en la difícil labor de dotar de cohesión narrativa a *El Silmarillion*.

Traspaso del legado

El 29 de noviembre de 1971, Edith fallece a los 82 años tras una breve enfermedad. Tolkien ya no ve motivos para quedarse en Bournemouth y regresa a Oxford. A pesar **del profundo dolor** que siente, se alegra de regresar a la ciudad de los chapiteles, adonde acude a las cenas de la facultad y disfruta de la vida de un hombre acaudalado. Visita a sus hijos y a su hermano Hilary, y pasa el tiempo con su amigo de toda la vida, **Christopher Wiseman**, miembro del antiguo T. C. B. S. Enredado de nuevo en el denso tejido de su universo mitológico, encomienda a **su hijo Christopher** la misión de completar *El Silmarillion* en caso de que él muera antes. El 2 de noviembre de 1973, a los 81 años, el creador de la Tierra Media fallece tras una repentina enfermedad.

Resumen

A Tolkien le cuesta adaptarse a su nueva vida de jubilado, por lo que sigue escribiendo y se mantiene activo en la vida académica hasta el fin de sus días.

Temas relacionados

véanse también

SIEMPRE OXFORD
página 38
DESPUÉS DE TOLKIEN
página 104

«¿El final? No. El viaje no concluye aquí. La muerte es solo otro sendero, que recorreremos todos. El velo gris de este mundo se levanta y todo se convierte en plateado cristal. Es entonces cuando se ve la blanca orilla. Y más allá, la inmensa campiña verde, tendida ante un fugaz amanecer».

GANDALF, *EL RETORNO DEL REY*

El retiro de los Tolkien en Bournemouth

Cronología

1892
John Ronald Reuel Tolkien, hijo de John y Mabel, nace en Bloemfontein, Sudáfrica. Su padre fallece poco después y la familia se traslada a Birmingham, Inglaterra.

1900
El joven Tolkien acude a la King Edward's School, donde empieza a estudiar latín e inglés antiguo. En 1904, su madre fallece y el padre Francis, del Oratorio de Birmingham, se hace cargo de los hermanos.

1908
Tolkien se enamora de su compañera, también huérfana, Edith Bratt, pero se les prohíbe continuar su romance hasta que él cumpla los 21 años. Logra una plaza en la Universidad de Oxford.

1916
Tras casarse con Edith, es destinado al frente francés, donde lucha en la batalla del Somme. Contrae la fiebre de las trincheras y es enviado de vuelta a Inglaterra. Al año siguiente nace John, primer hijo del matrimonio.

1918
Tolkien colabora como lexicógrafo en el *Nuevo Diccionario Inglés* en Oxford (el periodo más feliz de su carrera profesional). También empieza a impartir clases en la universidad.

1920
Tolkien ocupa un puesto en el departamento de Inglés de la Universidad de Leeds, donde pronto es nombrado catedrático de Lengua Inglesa. Nace su segundo hijo, Michael.

1925
Un año después del nacimiento de Christopher, su tercer hijo, la familia se traslada de nuevo a Oxford, donde Tolkien ocupa la cátedra Rawlinson y Bosworth de Anglosajón en el Pembroke College.

1931
Pocos años después del nacimiento de Priscilla, única hija del matrimonio, Tolkien se encuentra absolutamente inmerso en la vida académica de Oxford. Junto con su amigo C. S. Lewis, funda el círculo literario los Inklings.

1933
Los cuentos de cuna que Tolkien inventa para sus hijos empiezan a poblarse de unos pequeños seres llamados «hobbits». Durante años, desarrolla una historia que conformará la base de su gran novela épica.

1939-1945
Aunque su labor académica apenas se vea interrumpida durante la segunda guerra mundial, abandona el relato de la secuela de *El hobbit* durante largos periodos de tiempo.

1959
Renuncia a la cátedra de Lengua Inglesa de Oxford y se dedica a cuidar de Edith, cuya salud se debilita progresivamente.

1965
Con la edición en tapa dura de *El señor de los anillos*, Tolkien se convierte en toda una celebridad a escala mundial. Aunque se muestra cordial con los admiradores y los medios de comunicación, le abruma ser el centro de atención.

1968
El matrimonio Tolkien se traslada a Bournemouth, en la costa sur de Inglaterra, en busca intimidad y tranquilidad.

1971
Edith fallece en Bournemouth tras una breve enfermedad. Tolkien ya no tiene motivos para quedarse en la costa y regresa a Oxford para vivir cerca de su querida universidad.

1973
J. R. R. Tolkien fallece a los 81 años mientras se encuentra visitando a unos amigos en Bournemouth.

Glosario

Andrew Lang Recopilador de cuentos fantásticos y mitológicos cuyas obras leyó Tolkien de niño.

Apolausticks Círculo de intelectuales fundado por Tolkien en el Exeter College para conversar sobre literatura.

«**Beowulf**» Poema anglosajón cuyo héroe, Beowulf, se encuentra con tres monstruos, uno de ellos un dragón. Tolkien dio una célebre conferencia sobre esta obra literaria.

Christopher Tolkien Tercer hijo de Tolkien, nacido en 1924; recopiló los relatos de la Tierra Media tras la muerte de su padre.

«**Cristo**» Poema atribuido a Cynewulf que Tolkien leyó en la universidad; en él encontró por primera vez la palabra *midden-erde*, que en inglés medio significa «tierra media».

C. S. Lewis Colega y amigo íntimo de Tolkien, miembro de los Inklings y autor de *Las crónicas de Narnia*.

Edith Bratt Esposa de Tolkien, de quien se enamoró de adolescente en la casa de Birmingham donde ambos se alojaban. Se casaron en 1916. Murió en 1971.

Exeter College *College* de la Universidad de Oxford donde Tolkien vivió y estudió. Empezó Filología Clásica, pero finalmente optó por Filología Comparada.

Filología comparada Campo de la filología centrado en comparar distintos códigos lingüísticos para descubrir posibles nexos.

George MacDonald Novelista fantástico del siglo XIX, autor de obras como *La princesa y los trasgos*. Una de las primeras influencias de Tolkien.

Inklings, los Círculo literario de Oxford cuyos miembros, entre los que figuraban Tolkien y C. S. Lewis, se reunían para leer y comentar sus obras.

Kalevala Poema narrativo que combina elementos de leyendas finlandesas y mundos mitológicos; inspiró el primer relato corto en verso y prosa de Tolkien.

King Edward's School Escuela de secundaria donde Tolkien estudió. El profesor George Brewerton le animó a leer las obras anglosajonas y las leyendas artúricas.

Mabel Tolkien Madre de Tolkien; murió de diabetes cuando este tenía 12 años.

Oratorio de Birmingham Institución católica donde vivía y trabajaba el padre Francis, tutor de Tolkien desde que su madre falleció, y donde este pasó parte de su niñez.

Padre Francis Xavier Morgan Tutor de Tolkien tras la muerte de su madre; se preocupó de que los hermanos no quedaran desamparados en Birmingham.

Sarehole Aldea de las afueras de Birmingham donde vivió Tolkien tras la muerte de su padre. Su paisaje idílico inspiró la Comarca de los hobbits.

Sir Gawain y el caballero verde Romance artúrico escrito en inglés medio que Tolkien leyó en la escuela.

T. C. B. S. (Tea Club Barrovian Society) Círculo de amigos de Tolkien de la King Edward's School, que se reunían para leer y comentar los relatos que escribían. Dos de sus miembros fallecieron en la primera guerra mundial.

The House of the Wolfings Novela de William Morris cuyo lenguaje poético y arcaico inspiró a Tolkien a escribir su primera obra con la mitología de la Tierra Media.

Capítulo 2

Obras

El hobbit

Un personaje simbólico

La raza de los hobbits tiene su origen en una frase, anotada perezosamente una tarde de verano en la hoja en blanco de un examen que Tolkien estaba corrigiendo. No obstante, **la creación de sus aventuras** y personajes forma parte de una historia mucho más compleja que se extiende desde la propia infancia del autor y sus estudios académicos. De algún modo, estaba destinado a crear **los hobbits** por su amor por las cosas sencillas de la vida, **la campiña inglesa** y la devoción por sus amigos. Estas simpáticas criaturas simbolizan todo lo que Tolkien amaba, y podría hacerse un estudio fascinante de los paralelismos entre la vida y la obra de su creador.

Cuentos improvisados

Los hijos de Tolkien recuerdan que, cuando su padre les contaba **la historia de los hobbits**, solía **improvisar finales distintos**. Empezó a hacerlo hacia 1926, inspirado en *El maravilloso país de los snergs*, de E. A. Wyke-Smith, uno de los cuentos preferidos de sus pequeños. La popular obra relata las aventuras de Sylvia y Joe, dos niños a quienes se les aparecen unos seres rechonchos que habitan en un reino secreto. Tolkien fue desarrollando *El hobbit* durante años, poco a poco, a partir de los cuentos orales improvisados e inconexos que inventaba para sus hijos. No obstante, **sus profundos conocimientos sobre literatura fantástica** y mitología permitieron que fueran mucho más que simples cuentos de cuna, y de hecho más tarde los incluyó en el relato de la historia de Bilbo Bolsón.

El manuscrito final

El hobbit podría haber sido bastante distinto a como nos ha llegado. Según parece, a medida que sus hijos crecían, Tolkien fue mostrando menos interés en completar una versión escrita de la obra. Fue la petición expresa de la editorial George Allen & Unwin lo que le llevó a recuperar el texto mecanografiado y a revisar y finalizar la historia. **Al retomar el relato**, Tolkien concedió un mayor peso a la temática, cambió el destino de algunos protagonistas e incluso modificó algunos nombres. Por ejemplo, al inicio y hasta poco antes de publicarse la novela, **Gandalf** era el nombre del cabecilla de los enanos, y el mago se llamaba Bladorthin. Una vez recuperada la motivación necesaria, Tolkien tuvo el texto listo para la imprenta en **diciembre de 1936**.

Resumen

La primera novela publicada por Tolkien sobre los habitantes y el universo mitológico de la Tierra Media fue, durante gran parte de su existencia, un cuento de cuna que el escritor inventó para sus hijos y que apenas tenía un final.

Temas relacionados

véanse también
RELATOS
página 46
LA GESTACIÓN DE *EL HOBBIT*
página 48

«Me gustaría dejar constancia de mi cariño y el de mis hijos por El maravilloso país de los Snergs, de E. A. Wyke-Smith, que sin duda ha influido en no pocos aspectos de este cuento».

EL HOBBIT ANOTADO

THE
HOBBIT
by
J.R.R. Tolkien

Una compañía insólita

La visita de los enanos

El primer libro publicado por Tolkien presenta por primera vez lo que ha acabado revelándose como una de las creaciones más entrañables de la historia de la literatura. **Los hobbits**, personajes de un metro de altura, que viven en la campiña, no solo serían los protagonistas (y héroes atípicos) de esta aventura por **el universo de la Tierra Media**, sino también de toda la trilogía épica de Tolkien. La historia de *El hobbit* empieza cuando el acaudalado Bilbo Bolsón, habitante de Bolsón Cerrado, en la Comarca, ve alterada su vida tranquila y apacible por la visita del mago Gandalf y trece enanos, liderados por **Thorin II Escudo de Roble**. Desde el inicio, se hace evidente que Bilbo no tiene ninguna intención de convertirse en un héroe. Antes de iniciarse la aventura, su mundo es sereno y confortable, muy distinto al de las tierras descritas más allá de la Comarca.

Smaug el Dorado

Gandalf informa a Bilbo de que ha acudido expresamente a reclutarlo para una misión. Thorin explica, en una maravillosa **apertura caótica** del libro, que el dragón Smaug el Dorado ha expulsado a los habitantes de su pueblo de sus hogares, en las entrañas de **la Montaña Solitaria**, situada al este, lejos de la Comarca. La misión de los enanos es plantar cara **al viejo dragón** y reclamar la propiedad de las cavernas. Gandalf los ha convocado en Bolsón Cerrado para reunirse con Bilbo, el último miembro de la compañía, y debe convencerlos de que es el candidato ideal para liberar su hogar.

Salvados por el mago

No sin reticencia por ambas partes, Bilbo se une a la compañía de enanos destinada a recuperar las cavernas de la Montaña Solitaria y hacerse con **el tesoro** sobre el que duerme Smaug. Poco después de partir, son capturados por tres **trolls hambrientos**, pero Gandalf los libera de un destino terrible distrayendo a **tan temibles criaturas** hasta que la luz del amanecer las convierte en piedra. La compañía saquea la caverna donde viven y se hace con sus espadas y otras armas, algunas de ellas mágicas. Bilbo se queda una espada a la que más tarde da el nombre de Sting. Tras **salvarse por los pelos**, la cuadrilla se refugia en el valle de **Rivendel**, en la casa de Elrond, el medio elfo, hijo de Eärendil.

Resumen

El inicio de *El hobbit* es una introducción rápida y desordenada a las razas de los hobbits y los enanos, que establece el tono perfecto del que muchos acabarían considerando todo un clásico de la literatura infantil.

Temas relacionados

véanse también
EL HOBBIT
página 66
BILBO Y EL MUNDO
página 72

«No cabe duda de que nuestras costumbres resultan peculiares, pero hoy más que nunca lo veo con claridad: no hay nada mejor que disfrutar de los pequeños placeres de una vida sencilla».

BILBO BOLSÓN,
LA COMUNIDAD DEL ANILLO

Mapa de la Tierra Media en una edición rusa de *El hobbit*

Muerte al dragón

El monstruoso Gollum

Tras escuchar las sabias palabras de Elrond y descifrar con su ayuda **el mapa de Thror** (un documento antiguo que muestra el camino hasta la guarida de Smaug), la compañía prosigue su viaje. Cuando los trasgos los atacan en la caverna de las Montañas Nubladas, **Gandalf dirige a los enanos** a un lugar seguro, pero se dan cuenta de que han perdido a Bilbo. Mientras este recorre la laberíntica caverna, se encuentra con el monstruoso Gollum, que vive a orillas de un lago subterráneo y se alimenta de peces y trasgos. **Bilbo encuentra en el suelo un anillo** mágico que Gollum ha perdido sin darse cuenta. Dicho anillo tiene el poder de hacer invisible a quien lo lleva, y Bilbo lo usa para escapar de la caverna y de las garras de la demente criatura.

Un camino peligroso

Bilbo se reúne con el resto de la compañía. Los persiguen los trasgos y unos lobos terribles llamados «huargos», pero, con la ayuda de las águilas y de Beorn, logran llegar al **Bosque Negro**. Una vez allí, no obstante, el grupo no cuenta con la ayuda de Gandalf (quien los ha dejado para tratar otros asuntos importantes), y los peligros los siguen acechando. Primero **los atrapan las arañas gigantes** y luego son capturados por un grupo de elfos enemigos del bloque. Bilbo emplea el anillo mágico para ayudar a sus compañeros a escapar. Escondidos en grandes barriles de madera, **flotan río abajo** desde el bosque hacia la Ciudad del Lago, un asentamiento humano enclavado entre la sombra de la Montaña Solitaria y la columna de humo de Smaug el Dorado.

La victoria de Bilbo

Bilbo entra en la guarida de Smaug por **una puerta secreta** y, aunque el dragón se enfurece al verlo, consigue hablar con él. Sin quererlo, Smaug revela que tiene un punto débil en la coraza, concretamente en la zona del pecho izquierdo. Furioso por haber caído en la trampa de Bilbo, **se abalanza sobre la Ciudad del Lago** y le prende fuego, pero el arquero Bard, informado sobre su punto débil, lo mata de un solo flechazo. Los humanos, los enanos y los elfos se disputan el tesoro del dragón, pero el ataque inminente de los trasgos y los huargos los convence de la necesidad de **aunar esfuerzos para combatir el mal**. Tras la batalla, Bilbo regresa a su dulce hogar, pero, después de vivir semejante aventura, ya nada volverá a ser igual.

Resumen

A medida que la historia avanza, los personajes y las temáticas se van ampliando, e insinúan la ambiciosa obra que Tolkien desarrollaría años más tarde.

Temas relacionados

véanse también

UNA COMPAÑÍA INSÓLITA
página 68
MONSTRUOS
página 88

«La furia de Smaug es indescriptible; es como la furia que solo muestran aquellos ricos que poseen más de lo que pueden disfrutar, cuando de repente pierden algo que han poseído durante mucho tiempo pero que nunca han usado ni deseado».

EL HOBBIT

Smaug el Dorado, en una edición rusa de *El hobbit*

Bilbo y el mundo

Un clásico inmediato

Las primeras críticas sobre *El hobbit* fueron positivas, y algunas incluso situaron la obra entre **las más grandes de la literatura infantil**. Se comparó con otras como *Planilandia*, de Edwin A. Abbot; *Phantastes*, de George MacDonald; *Alicia en el país de las maravillas*, de Lewis Carroll, o *El viento en los sauces*, de Kenneth Grahame. En cuanto a esta última, C. S. Lewis estableció un especial paralelismo entre **Bilbo Bolsón y Mole**, subrayando sendas naturalezas prosaicas y su simbolismo de un mundo rural ideal. *El hobbit* siempre se ha considerado **una novela infantil en toda regla**, a diferencia de los relatos mucho más oscuros sobre la Tierra Media de *El señor de los anillos* y *El Silmarillion*.

Resumen

Tolkien nunca concibió *El hobbit* como la primera parte de una historia más larga, pero su éxito y la popularidad de su protagonista hicieron inevitable la secuela.

Un héroe atípico

Algunos críticos alabaron la falta de pretensiones de *El hobbit*, que no abruma al lector llevándolo a planos muy distantes con los que cueste identificarse. En cuanto a la temática, plantea **cuestiones que afectan a nuestro propio mundo**. Si algún rasgo definía a Tolkien, este fue siempre su humanidad. Había experimentado la pérdida, el fracaso y, sobre todo, los horrores de **la primera guerra mundial**; y todo ello influyó en sus creaciones y **su universo mitológico**. Conocía las entrañas de la miseria humana, pero también **su** maravillosa fuerza de voluntad. Con Bilbo Bolsón, el autor creó un personaje capaz de encarnar **sus propias inquietudes**, convicciones y anhelos.

Temas relacionados

véanse también

LA GESTACIÓN DE *EL HOBBIT*
página 48
ÉXITO
página 56

Ampliación de la historia

Aunque *El hobbit* de Tolkien se desarrollara a partir del universo mitológico que el propio autor estaba creando para *El Silmarillion* y guardase relación con otras de sus obras, siempre fue concebido como **una novela independiente**. Sin embargo, tuvo tanto éxito que el escritor se vio presionado para crear un relato en la misma línea cuando le encargaron una segunda novela. Los personajes que había creado eran tan **entrañables** que a priori creyó que se había creado un problema a sí mismo. Sentía que la historia estaba contada, pero pronto quedó claro que debía seguir explorando **el mundo de la Tierra Media** y sus habitantes. Dado que nunca planeó una secuela de *El hobbit*, la gran novela épica que se originaría a partir de él podría no haberse escrito nunca.

«Hace diecisiete años apareció sin bombo ni platillo una novela llamada El hobbit, que, en mi opinión, es uno de los mejores relatos infantiles del siglo».

W. H. AUDEN,
THE NEW YORK TIMES, 1954

La «secuela»

Más hobbits, por favor

Cuando Stanley Unwin encargó un **segundo libro** a Tolkien, este le mostró varias propuestas y, aunque el editor reconoció el potencial de todas, entendió que la mejor opción era explotar el éxito de la aventura **de Bilbo Bolsón**. Era tal la popularidad de la novela que Tolkien aceptó; no obstante, nunca abandonó la idea de publicar *El Silmarillion*, la obra que recogía la historia detallada **del universo mitológico de la Tierra Media**. Finalmente, combinó los elementos de este último con las aventuras de los hobbits, y así creó *El señor de los anillos*.

Un creador de mundos

Unwin propuso a Tolkien que se inspirara en el corpus de mitos de *El Silmarillion* para recrear el mundo de Frodo Bolsón y *La comunidad del anillo*. Tolkien era **un escritor muy meticuloso** y, durante la gestación de *El señor de los anillos*, consagró un sinfín de horas a crear el lenguaje élfico y nombres de personajes que tuvieran raíces etimológicas coherentes con **las culturas mitológicas** de las que supuestamente procedían. Llevado por el amor obsesivo que desde niño sentía por la mitología y la lengua, empezó a tejer todo un universo con un nivel de complejidad asombroso. Por ejemplo, redactó incontables borradores de la detallada descripción de las fortalezas del Abismo de Helm, y escribió hasta cuatro versiones del **discurso de Merry sobre la hierba de pipa**.

El periplo antes de la publicación

Tolkien completó *El señor de los anillos* en **el verano de 1948**, doce años después de la publicación de *El hobbit*. Durante este tiempo, la obra fue objeto de revisiones, ampliaciones y periodos de total inactividad creativa. Su edición fue una tarea casi tan ardua como **las adversidades de sus personajes**. El manuscrito final de Tolkien narraba una aventura que, además de incorporar el universo mitológico y las lenguas en que había estado trabajando toda la vida, satisfacía a **los lectores hambrientos** de mundos fantásticos, repletos de magia e intensidad. Muchos opinaron que había convertido *El hobbit* –nunca concebido como primera parte de una historia más larga– en el precursor de su obra maestra.

Resumen

A medida que Tolkien escribía las nuevas aventuras de los hobbits de la Comarca, fue ampliando la historia hasta conformar una novela épica que tardó doce años en completar.

Temas relacionados

véanse también
LA TRILOGÍA
página 54
FRODO LO CONQUISTÓ TODO
página 82

«Me pregunto cómo fue capaz de inventar todo eso. Parece más bien como si lo hubiera sacado de unos antiguos pergaminos perdidos».

PETER JACKSON, ENTREVISTA DE RADIO, 2001

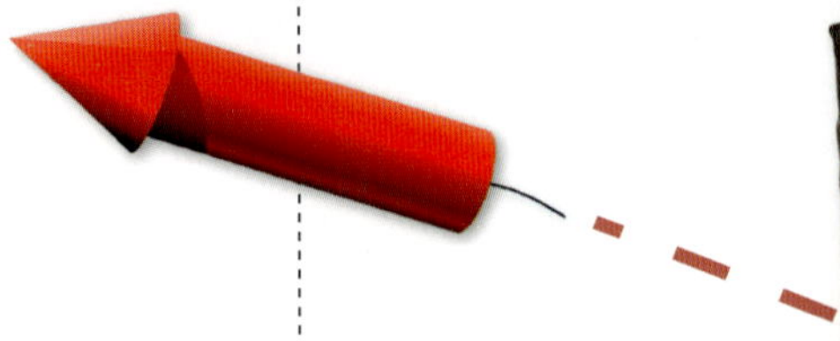

La comunidad del anillo

Un truco para desaparecer

El señor de los anillos empieza con el **111.ª cumpleaños** de Bilbo Bolsón. Durante la fiesta, a la que acude toda la Comarca, Bilbo anuncia que va a partir. Se coloca el anillo mágico, desaparece y vuelve a su casa, **Bolsón Cerrado**. Gandalf, que es testimonio del truco, sospecha que el anillo es más poderoso de lo que todos creen y, antes de irse, encomienda su custodia a Frodo, sobrino de Bilbo. Años después, el mago vuelve a la Comarca tras confirmar sus temores: se trata **del anillo de Sauron, el Señor Oscuro**, forjado para someter y gobernar a los pueblos de la Tierra Media.

Se forma la comunidad

Gandalf informa a Frodo de que Sauron ha enviado a los jinetes negros a recuperar el anillo, por lo que él y toda la Comarca se encuentran en grave peligro. **Frodo abandona la Comarca** en dirección al refugio elfo de Rivendel; le acompañan sus amigos el jardinero Samsagaz Gamyi y Meriadoc Brandigamo (Merry), y su primo Peregrin Tuk (Pippin). Por el camino **los persiguen los jinetes negros**, pero los protege un montaraz del norte que se presenta como Aragorn, hijo de Arathorn. Una vez a salvo en Rivendel, se reúnen con Gandalf y deciden **formar una comunidad** compuesta por los cuatro hobbits; Aragorn, heredero al trono de Gondor; Boromir, caballero de Gondor; el enano Gimli; el elfo Legolas, y, por supuesto, el propio Gandalf.

La comunidad se separa

Los nueve miembros de la Comunidad viajan hacia el sur con el objetivo de destruir el anillo arrojándolo a **la Montaña de Fuego**, donde ha sido forjado, en las profundidades de Mordor, el reino de Sauron. Por el camino **se enfrentan a muchos peligros** y, en la lucha contra un balrog, Gandalf cae a un foso que parece no tener fondo. Sin el mago, la comunidad sigue adelante hasta que Boromir, bajo la influencia maléfica del anillo, intenta robarlo. Como resultado, Frodo y Sam se separan del grupo y **se aventuran solos hacia Mordor**. Boromir se siente muy arrepentido y, durante un feroz ataque de los orcos de Sauron, pierde la vida intentando proteger a Merry y Pippin, que caen prisioneros.

Resumen

En el primer libro de *El señor de los anillos*, Frodo experimenta una rápida y profunda evolución: el joven hobbit deja de ser el sobrino cándido de Bilbo para convertirse en el estoico portador de la gran carga que encarna el anillo.

Temas relacionados

véanse también
LA TRILOGÍA
página 54
LAS DOS TORRES
página 78

«Muchos de los que viven merecen morir. Y algunos de los que mueren merecen la vida. ¿Puedes devolver la vida? Entonces no te apresures a dispensar la muerte, pues ni el más sabio conoce el fin de todos los caminos».

GANDALF, *LA COMUNIDAD DEL ANILLO*

Mapa de la Tierra Media

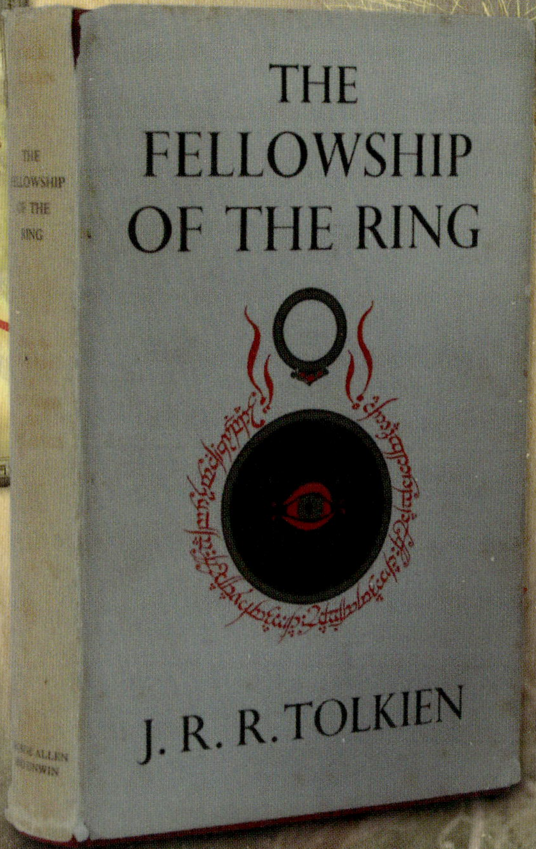

Las dos torres

Reunidos

Conscientes de que Frodo y Sam deben **completar la misión solos**, los demás miembros de la comunidad parten en busca de Merry y Pippin. Se adentran hasta el corazón del reino de Rohan, tierra de caballeros, y se encuentran con Éomer, sobrino del rey de Rohan. Merry y Pippin escapan y llegan al bosque de Fangorn, donde reciben **la protección de Bárbol**, el más viejo de los ents, una antigua raza de pastores de árboles medio humanos, medio árboles. Cuando Aragorn, Gimli y Legolas llegan al bosque en busca de los hobbits, se reencuentran con Gandalf, quien, tras el arduo combate con el balrog, se ha convertido en **Gandalf el Blanco**.

Resumen

En la segunda entrega, la historia se intensifica y la temática se vuelve más oscura y diversa. El relato incluye romances, retos personales y batallas épicas y sangrientas.

La batalla del Abismo de Helm

Gandalf, Aragorn, Gimli y Legolas cabalgan hasta la ciudad de Edoras, en Rohan, para advertir al rey Théoden de que Sauron planea **destruir el mundo de los humanos**. Una vez allí, liberan al soberano del hechizo de su consejero Grima Lengua de Serpiente, espía del **malévolo mago Saruman**. Este, aliado de Sauron, está creando un ejército de decenas de miles de orcos con el objetivo de atacar Rohan. En este punto de la historia empieza realmente la guerra por la Tierra Media, con la batalla del Abismo de Helm, la fortaleza donde se refugia el pueblo de Rohan. En el último momento, aparece Gandalf con refuerzos y **las fuerzas del bien salen victoriosas**.

Temas relacionados

véanse también

LA COMUNIDAD DEL ANILLO
página 76
EL RETORNO DEL REY
página 80

El retorno de Gollum

Mientras tanto, Frodo y Sam avanzan en **su largo y arduo periplo** hasta la Montaña de Fuego. Los acompaña Gollum, que ha estado buscando el anillo desde que Bilbo Bolsón se lo hubiera arrebatado años atrás. Gollum jura por el anillo, «su tesoro», que guiará a ambos hobbits hasta Mordor, pero los engaña y los conduce a **la guarida de Ella-Laraña** (un antiguo diablo en forma de araña gigante), donde espera arrancar la sortija del cadáver de su guardián. Frodo se queda catatónico por la picadura de la araña y **los orcos lo secuestran** mientras Sam intenta deshacerse de tan temible criatura. El libro termina con la sombra de Sauron cerniéndose sobre la Tierra Media, y con Frodo, la gran esperanza, en manos del enemigo.

«El consejo de Gandalf no se fundaba en la posible seguridad de él mismo o de los otros –intervino Aragorn–. De ciertas empresas podría decirse que es mejor emprenderlas que rechazarlas, aunque el fin se anuncie sombrío».

LAS DOS TORRES

Gandalf regresa

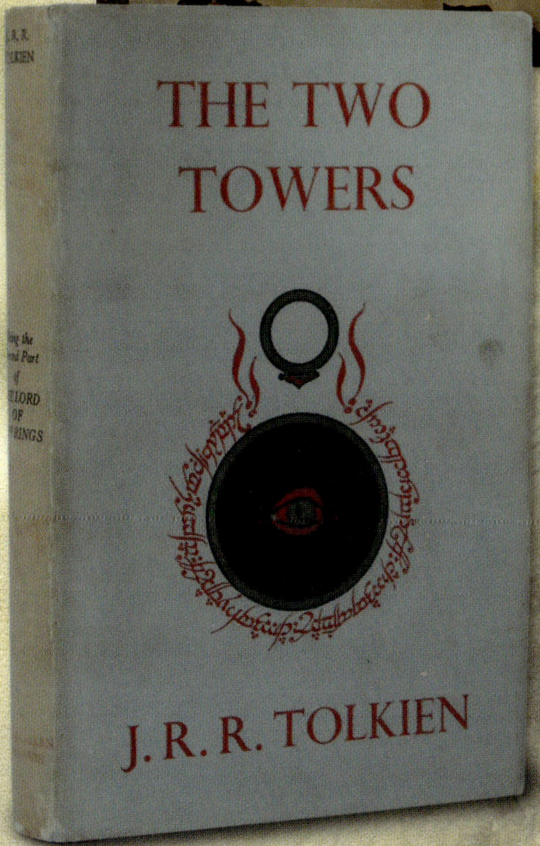

El retorno del rey

La batalla de Minas Tirith

Gandalf y Pippin cabalgan hasta Minas Tirith, capital de Gondor, para convencer al senescal Denethor de que se una a la batalla. Aragorn, Gimli y Legolas parten en otra dirección con objetivo de reclutar **al ejército de los fantasmas de los muertos**, que debe lealtad al trono del que Aragorn es heredero. Las tropas de Faramir (hermano de Boromir) y las fuerzas de hombres y elfos convergen en Minas Tirith, y de nuevo derrotan a **un ejército de Sauron todavía mayor** al del Abismo de Helm. Durante el combate, Éowyn, hija de Théoden, mata al Señor de los nazgûl.

La derrota de Sauron

Con la esperanza de que Frodo prosiga su camino hacia la Montaña de Fuego, Aragorn y Gandalf distraen al enemigo asaltando **la Puerta Negra de Mordor** con la colaboración de las fuerzas de Gondor y Rohan. La estrategia funciona y, mientras en la puerta tiene lugar la batalla, Frodo y Sam consiguen llegar a Sammath Naur, **los Recintos de Fuego** de la Montaña de Fuego. Frodo lucha contra la tentación final de quedarse el anillo y es atacado por Gollum, quien le muerde el dedo y se hace con su preciado tesoro, pero, bailando de júbilo, se precipita a las llamas del foso y **el anillo es destruido**. La Torre Oscura de Sauron se derrumba y la Montaña de Fuego entra en erupción. El Señor Oscuro se eleva desde las estrañas de la tierra, pero se desintegra en el viento. Finalmente, las fuerzas de Minas Tirith salen victoriosas.

El regreso a la Comarca

Tras las celebraciones y la coronación de Aragorn como nuevo rey de Gondor, los hobbits regresan a la Comarca, pero, consternados, descubren que **su querida tierra ha sido tomada** por los secuaces de Sauron bajo el mando de Saruman y Lengua de Serpiente (a los que los ents han soltado tras la derrota de Sauron). **El paisaje ha quedado destruido** por edificios horribles y las cosechas se han echado a perder. Frodo, Sam, Merry y Pippin logran expulsar a los malvados, y Saruman y Lengua de Serpiente mueren. La tranquilidad vuelve por fin a la Comarca. Frodo, sin embargo, **no puede soportar las heridas** sufridas durante la aventura y finalmente parte hacia las tierras imperecederas del Oeste en un barco elfo, acompañado por Gandalf, Bilbo y los elfos Elrond y Galadriel.

Resumen

Con la conclusión del tercer tomo de *El señor de los anillos*, Tolkien da por finalizado un relato fantástico comparable a las leyendas que había estudiado. No solo ha creado una novela épica, sino todo un mundo.

Temas relacionados

véanse también
LAS DOS TORRES
página 78
LA TIERRA MEDIA
página 94

«Aquí, al fin, a la orilla del mar, llega el adiós a nuestra compañía. ¡Id en paz! No diré "No lloréis", pues no todas las lágrimas son amargas».

GANDALF, *EL RETORNO DEL REY*

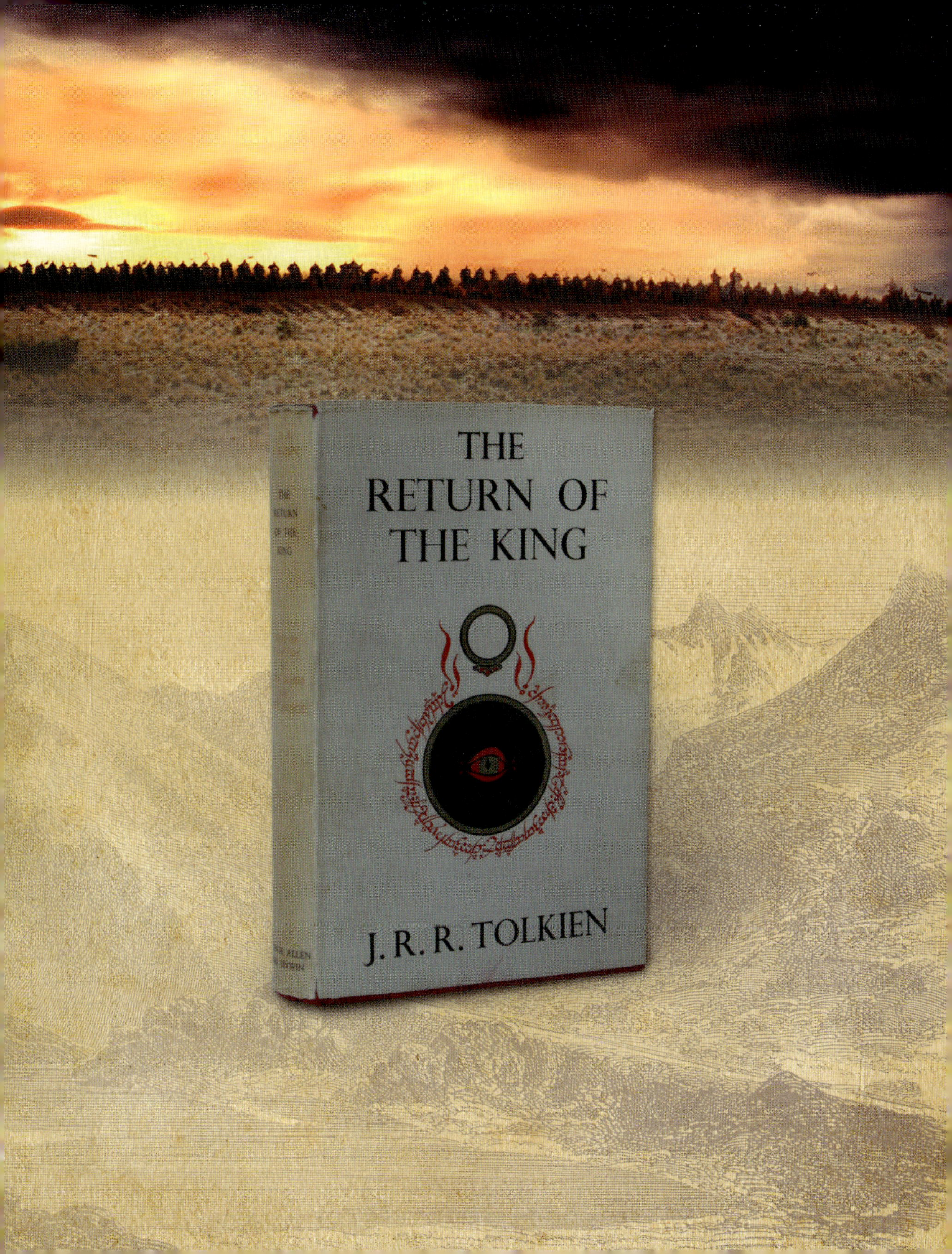
THE
RETURN OF
THE KING
J. R. R. TOLKIEN

Frodo lo conquistó todo

Vislumbrar todo un mundo

Desde su publicación en 1954, *El señor de los anillos* ha vendido más de **100 millones de ejemplares en todo el mundo**, solo por detrás de la Biblia y el *Libro rojo,* de Mao Zedong. Tolkien nunca habría imaginado la influencia de su obra a lo largo del tiempo. Su éxito se debe **al impresionante nivel de detalle** del mundo que creó, pero también a las posibilidades que ofrece. La historia de la Tierra Media y sus habitantes es tan elaborada y exhaustiva, y contiene tantos elementos meticulosamente concebidos, que una de sus características principales (como ya apuntaron en su momento algunos críticos) es que nos permite vislumbrar todo un mundo. En ese sentido, estimula la **imaginación del lector**, permitiéndole atar todos los cabos como si de un mundo real se tratase.

Muchas eras de aventuras

Las aventuras de *El señor de los anillos* transcurren en una era específica, poblada por personajes que persiguen su destino y sus ambiciones. Dada la coherencia de la geografía, la mitología y **la historia de la Tierra Media**, el lector siempre puede imaginar **otras posibles aventuras** detrás de cada elemento del relato. Tolkien consagró una vida entera a concebir y describir un mundo y su historia de forma absolutamente completa, no solo con *El señor de los anillos*, sino también con *El hobbit*, *El Silmarillion* y muchas otras obras que serían revisadas, completadas y **publicadas en años posteriores a su muerte**.

La temática

En *El señor de los anillos*, incluso más que en *El hobbit*, Tolkien trata cuestiones que afectan al mundo contemporáneo. Además del deber, la amistad o **la contraposición entre el bien y el mal**, plantea temas más complejos, como la corrupción, la tentación, la deslealtad, el aislacionismo, el imperialismo y la ecología. Las experiencias de Tolkien en **las trincheras del Somme** influyeron en su visión de las sombras del Señor Oscuro, y su amor por la campiña inglesa moldeó su concepto de «bondad». El mundo de la Tierra Media es tan vasto y está tan bien concebido y descrito que resulta difícil comprender el alcance de la imaginación de su creador. **Su influencia perdurable**, no obstante, ilustra a la perfección la trascendencia de semejante hazaña.

Resumen

El señor de los anillos se ha convertido en la novela de ficción más vendida de la historia. La influencia que ejerce es tan extensa e inconmensurable como los territorios y las aventuras de la propia Tierra Media.

Temas relacionados

véanse también

LA TRILOGÍA
página 54
LA TIERRA MEDIA
página 94

«La motivación principal fue el deseo de un cuentacuentos de probar suerte y narrar una historia muy larga que captara la atención del lector, le divirtiera, le deleitara y, en ocasiones, incluso le entusiasmara o conmoviera profundamente».

PRÓLOGO DE LA SEGUNDA EDICIÓN, 1966

Héroes

Hombres

Muchos héroes de Tolkien pertenecen al reino de los hombres. Aragorn, **héroe romántico tradicional** en muchos sentidos, se nos presenta como una figura arquetípica del líder atlético, honrado, valiente y sensato. Otros personajes, como los hermanos Boromir y Faramir, aunque son redimidos en el último momento, se caracterizan tanto por sus debilidades como por sus virtudes. Y es que para Tolkien **el ser humano tiene muchos defectos**, incluso cuando se esfuerza por ser virtuoso, pero muy pocas veces es la encarnación pura del mal. La insensatez es un rasgo común, como lo es la crueldad, originada en la locura o la corrupción del poder. También es importante resaltar que, aunque sus aventuras estén **dominadas por hombres**, es Éowyn, la Dama de Rohan, quien mata al Señor de los nazgûl en la batalla de Minas Tirith.

Elfos

En las historias de Tolkien, los elfos suelen ser personajes de **excepcional gracia y sabiduría** (con excepción de los elfos del bosque de *El hobbit*). Legolas es un miembro importante de la comunidad; Elrond supone una fuente esencial de consejo y orientación para los hobbits; Arwen es un elemento clave para comprender el personaje de Aragorn y sus motivaciones, y Galadriel desempeña un papel significativo en la determinación de Frodo. **Los elfos, pues, eran personajes fundamentales** en la imaginería de Tolkien. De hecho, su primer héroe fue Eärendil, padre de Elrond, quien ya aparece en el primer poema del autor «La estrella vespertina». Desempeñan una **función esencial** en el ámbito moral de la Tierra Media, y parten hacia el Oeste para legar la tierra a los hombres.

Gandalf

Tanto en *El hobbit* como en *El señor de los anillos*, Gandalf se muestra sereno y confiado ante todo, incluso cuando no está presente en la acción. Mago, guerrero, guía, consejero, político, hacedor de reyes y líder espiritual, reúne a los héroes de ambas novelas y **enlaza las historias**. Es él quien impulsa el inicio de la aventura, eligiendo a Bilbo como miembro de la compañía que ha de derrotar al dragón en *El hobbit*, y resucita para mantener vivas las esperanzas de la Tierra Media y ganar la batalla del Abismo de Helm. Como el personaje de Aslan de C. S. Lewis, aunque en menor medida, puede considerarse **una figura mesiánica**, sobre todo cuando adopta una presencia angélica tras reencarnarse como Gandalf el Blanco.

Resumen

Los héroes de Tolkien suelen caracterizarse por sus virtudes de tradición romántica, pero también incorporan rasgos de la época moderna en que vivió el autor.

Temas relacionados

véanse también
EL HOBBIT
página 66
***EL HOBBIT* DE PETER JACKSON**
página 128

«La trilogía épica de Tolkien es la misión definitiva, la batalla definitiva entre el bien y el mal, la crónica definitiva del gobierno de la Tierra. Imitada hasta el infinito, nunca ha sido superada».

JOHN MARK EBERHART, *KANSAS CITY STAR*, 2000

Gandalf llega a una ciudad,
en una edición rusa
de *El hobbit*

Villanos

El Señor Oscuro

Tolkien hace una magnífica descripción del mal, encarnado en el personaje de Sauron, cuyos orígenes mitológicos se extienden desde el albor de los tiempos. **Sauron era uno de los seres creadores originales**, los ainur, pero durante la rebelión de los Días Antiguos se alió con Morgoth, el primer Señor Oscuro. Tras la derrota de este último, imita a su amo y envía un ejército sobre los pueblos libres de la Tierra Media. Con el poder del anillo único, que ha forjado en secreto en la Montaña de Fuego, **esclaviza a los hombres de Númenor, el ejército más poderoso de los hombres**, y toma a nueve de ellos como sirvientes (los terribles nazgûl o espectros del anillo). Sauron **gobierna la Tierra Media** durante gran parte de la Segunda Edad del Sol, hasta que Isuldur le quita el anillo de la mano cuando lo derrota con la ayuda de un ejército superviviente de hombres de Númenor.

Resumen

Tolkien crea un complejo universo mitológico del mal, que se extiende desde Sauron, el Señor Oscuro, a través del poder de corrupción del anillo, para deformar la naturaleza de personajes como Gollum.

Los sirvientes de Sauron

A lo largo de las distintas edades, el poder oscuro de Sauron se apodera sin piedad de los débiles de espíritu y los pone a su servicio. De entre la raza de los magos, corrompe a **Saruman el Blanco**, tentado por el poder que podría obtener aliándose con el Señor Oscuro. Además de los sirvientes **nazgûl** y **Grima Lengua de Serpiente**, el poder del anillo comanda un enorme ejército de orcos. Dichos seres carecen de cualquier atributo moral, y Tolkien los representa, en muchos sentidos, como simples animales salvajes de forma humanoide. Resultan temibles, sobre todo por su cantidad, pues **los ejércitos de Sauron y Saruman** que llevan el terror a la Tierra Media están formados por decenas de miles de ellos. Los críticos han visto en ellos un reflejo de la industrialización de la campiña inglesa, que fue una de las principales preocupaciones de Tolkien.

Temas relacionados

véanse también
LAS DOS TORRES
página 78
MONSTRUOS
página 88

Gollum

Gollum es un personaje más trágico que malvado. Solo aparece brevemente en su encarnación original, como el hobbit **Sméagol**, libre de la influencia corrupta del anillo. Luego, no obstante, asesina a su primo Déagol para hacerse con tan preciado objeto. Repudiado por su pueblo, se refugia en las cavernas de las Montañas Nubladas, donde, ya con su nuevo nombre, Gollum, **el poder del anillo deforma su mente y su cuerpo** con el paso de los siglos. Más adelante, es un personaje clave para que Frodo y Sam lleguen a la Montaña de Fuego, y crea un contraste patético con el imponente poder de Sauron. Su relación con el anillo y su personalidad esquizofrénica son fundamentales en la temática del poder y la contraposición entre el bien y el mal. Aunque malhadado, es el único villano que parece digno de alguna forma de **redención**.

«La codicia y el orgullo de Sauron aumentaron hasta no conocer límites, y tomó la determinación de convertirse en amo y señor de todas las cosas de la Tierra Media».

EL SILMARILLION

Los jinetes negros

Gollum

Monstruos

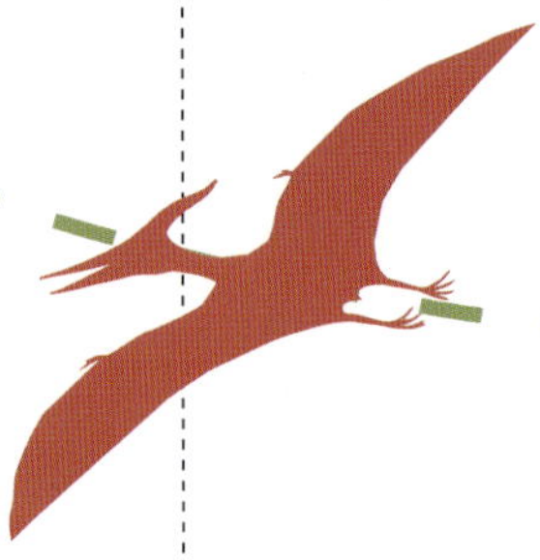

Poderes antiguos

Aunque muchos monstruos de la Tierra Media son poco más que animales feroces, como **los huargos o los trolls de las cavernas**, algunos de los seres más significativos de *El hobbit* y *El señor de los anillos* tienen sus orígenes en los albores del tiempo. Son criaturas envueltas en magia negra y con **poderes divinos corrompidos**. El balrog, por ejemplo, fue un ser «angélico» y virtuoso (un maiar) que, junto con Sauron, se corrompió y se volvió maléfico por influencia del Señor Oscuro Morgoth. El último balrog fue antaño un espíritu de fuego, pero, cuando la comunidad se lo encuentra en las profundidades de las minas de Moria, es un poderoso demonio de las tinieblas con **alas de dragón**, lenguas como látigos y una espada de fuego.

Mitos y monstruos

Dada la erudición de Tolkien en la materia, no resulta sorprendente que se inspirara en **la mitología antigua** para crear sus propios monstruos originales. El Guardián del Agua, al que la comunidad se enfrenta en las puertas de Moria, presenta similitudes con los **kraken de las leyendas nórdicas**. Asimismo, los dragones, trolls y orcos pueblan un sinfín de mitologías antiguas de todo el mundo, como la escandinava, la oriental y la arábiga. Por supuesto, todas están conectadas, y en ese sentido la hazaña de Tolkien fue crear un universo mitológico propio tan denso y complejo como el clásico. Era experto en resaltar **un rasgo terrorífico** específico en cada uno de sus monstruos e incluirlos de forma convincente en historias humanas, dejando el resto a la imaginación del lector.

La conmoción de lo familiar

Las historias de J. R. R. Tolkien transcurren en un mundo que nos resulta familiar, yuxtapuesto con elementos misteriosos y **sobrenaturales** que acechan detrás de cada esquina. Como ya hemos visto, Tolkien nunca quiso identificar la Tierra Media con un planeta lejano, y procuró **situar a sus monstruos dentro de un universo mitológico** y un escenario construidos sobre las tradiciones y los temores de nuestro propio mundo. Seres como los nazgûl se remontan a **nuestra prehistoria**, y el enorme tamaño de criaturas como Ella-Laraña, los huargos o los olifantes evoca uno de los temores humanos más comunes. Lo que hace que los monstruos de Tolkien sean tan perturbadores y verosímiles es precisamente su conexión con aquello que nos resulta familiar.

Resumen

Por variopintos que sean, todos los monstruos de Tolkien tienen un origen sólido no solo en la mitología de las civilizaciones antiguas y medievales, sino también en seres fantásticos del mundo moderno.

Temas relacionados

véanse también
LA TRILOGÍA
página 54
VILLANOS
página 86

«El mal se afana con amplio poder y perpetuo éxito, pero en vano: siempre prepara tan solo el terreno para que el bien brote de repente de él».

CARTAS DE J. R. R. TOLKIEN

Mitología

Orígenes antiguos

Los relatos de Tolkien se inspiran en las obras que leyó y estudió a lo largo de su vida, desde la **Biblia** hasta los romances medievales y los ciclos mitológicos. Desde el diluvio de castigo a la isla de Númenor al final de la Segunda Era del Sol hasta **los jinetes del Apocalipsis**, es fácil identificar los elementos bíblicos de sus novelas. No obstante, su «legendarium» (como él mismo lo llamó) se inspira sobre todo en la tradición de temática romántica y bebe del poema anglosajón «Beowulf», así como de las sagas finlandesas y nórdicas. Algunos de sus temas fundamentales son el amor platónico, la magia popular y, evidentemente, la contraposición entre el bien y el mal. En ese sentido, las obras de Tolkien conforman una serie de leyendas que poseen toda la fuerza de la **mitología clásica**.

Resumen

Las leyendas, poemas, canciones populares y, sobre todo, las lenguas que Tolkien creó e incluyó en sus relatos contribuyeron a que estos ganaran en peso y profundidad.

Poesía y canción

La primera incursión de Tolkien en la narración de leyendas fue la poesía, y a lo largo de su vida escribió abundantes **epopeyas** para contar las historias de la mitología que creó. Desde *El viaje de Eärendil, la estrella vespertina* hasta *El cuento de Beren y Lúthien*, la mayoría de los relatos del autor se basaron en la mitología de la Tierra Media y acabaron convirtiéndose en importantes leyendas. Tom Bombadil fue más allá de **sus orígenes poéticos** y se convirtió en un personaje relevante en la primera parte de *El señor de los anillos*. Tanto esta obra como *El hobbit* se diferenciaron de otras novelas fantásticas desde su publicación por la inclusión de poemas y **canciones populares**, característica que aumentó la complejidad y originalidad del mundo de Tolkien.

Temas relacionados

véanse también

EL MUNDO DE LOS MITOS

página 32

PROFESOR Y ERUDITO

página 40

Lenguas

Tolkien creía que la lengua de un pueblo es el reflejo de su carácter y naturaleza, e hizo un gran esfuerzo creativo para desarrollar y **construir de forma minuciosa** sus propias lenguas inventadas. Incluso puede afirmarse que, hasta cierto punto, sus obras literarias fueron el canal que utilizó para difundir lo que consideraba su creación principal. Desde **el idioma élfico quenderin** y su multitud de dialectos hasta la lengua khuzdul de los enanos o la lengua negra hablada en Mordor, Tolkien redactó descripciones completas y detalladas de **cómo se transmitieron a lo largo de las diferentes edades**. Más que crear lenguas para sus razas inventadas, inspiró sus historias, tradiciones, creencias y costumbres en las lenguas que hablaban.

«La fantasía es un derecho humano: todos creamos en cierta medida porque nosotros mismos hemos sido creados: y no solo hemos sido creados, sino que hemos sido creados a imagen y semejanza de un Creador».

SOBRE LOS CUENTOS DE HADAS

Magia y religión

La naturaleza del mal

En la Tierra Media de Tolkien, el concepto del «mal» es complejo y no está representado por personajes estereotipados ni mediante la presencia de **falacias antropomórficas**. Sauron, máximo exponente de la idea que el autor tenía del mal, posee una historia personal larga, turbulenta y variada que se remonta a los mismos orígenes de la Tierra Media. Es **un guerrero divino corrompido** y su evolución refleja en muchos sentidos la del ángel Lucifer de la mitología cristiana o, mejor aún, un discípulo de este, pues Morgoth es la encarnación misma del diablo. La trayectoria de Sauron hasta convertirse en Señor Oscuro de Mordor se define a menudo por la ausencia del bien, un concepto que **procede de la teología católica**. En ese sentido, resulta evidente que las temáticas más profundas de Tolkien se inspiran en sus arraigadas creencias católicas.

Poderes mágicos

Aunque la magia exista en los reinos de la Tierra Media, Tolkien evita abusar de ella como recurso fácil para crear tensión dramática o como *deus ex machina*. Cabe destacar que no cualquiera puede **obtener poderes mágicos**, y que la mayoría de los personajes que los poseen de forma inherente no son nativos de la Tierra Media. Los magos son seres divinos, como el origen de los elfos y del propio Sauron. Estas **figuras «angélicas»** directamente relacionadas con los seres creadores del mundo transmiten sus poderes a los demás mediante embrujos o determinados objetos, como el anillo. Por tanto, la magia no es **un poder pagano** ni mucho menos un antojo del autor como recurso fantástico, sino que tiene una clara conexión con el poder divino cristiano recogido en el Antiguo Testamento.

Religión, dioses y magos

Las distintas fes y creencias religiosas de los pueblos de la Tierra Media desempeñan un papel importante. Muchas razas beben de la tradición pagana, como los poderes druídicos y de la naturaleza de los elfos, o el credo religioso de los enanos, que no ven la presencia de **un poder supremo** en las catedrales, sino en la propia tierra. En las historias de la Tierra Media, Tolkien evoca los mitos con que las religiones explican la creación, así como la evolución del mundo y el ser humano. Sin duda, los magos **representan a los ángeles** y, como los ángeles de la mitología cristiana, poseen formas y tamaños distintos. Gandalf y Saruman, en tanto que **«dioses» que han tomado forma terrenal**, son los personajes que reflejan de una manera más clara el elemento teológico gnóstico.

Resumen

Tolkien era un hombre muy creyente, pero solo el lector atento puede identificar rasgos de su fe católica en sus relatos de ficción.

Temas relacionados

véanse también

AÑOS DE ESCUELA
página 24
MITOLOGÍA
página 90

«No me siento obligado a hacer que mi historia encaje con la teología cristiana ortodoxa, aunque sí he procurado que esté en consonancia con el pensamiento y la fe cristiana».

CARTAS DE J. R. R. TOLKIEN

La Tierra Media

Una tierra no tan lejana

Cuando Tolkien empezó a crear sus propios universos míticos y lenguas, no solo se inspiró en las leyendas de las culturas que amaba, sino que recreó **un escenario que nos resulta familiar**. Así, la Tierra Media es, en realidad, nuestra propia Tierra en un tiempo lejano en que la geografía y la topología eran distintas, pero no irreconocibles. La flora y la fauna son iguales a las que conocemos y, aunque las criaturas gigantes como **las águilas y los olifantes** sean seres fantásticos, podemos identificar sus parientes en nuestro mundo. La Tierra Media tiene una historia mitológica vasta y compleja que se remonta a miles y miles de años, pero en el fondo sigue siendo la nuestra. En ese sentido, la historia que cuenta *El señor de los anillos* marca **el inicio de la Edad del Hombre**.

Resumen

Aunque esté repleta de monstruos y seres fantásticos, la Tierra Media nunca fue concebida como un universo ajeno al nuestro, sino que, más bien, representa el origen del planeta que conocemos.

Mapas

Tolkien era un hábil cartógrafo y dibujante, y los mapas que trazó, en color y con todo detalle, conforman uno de los pilares fundamentales de sus novelas. El autor creía que **la topografía determina el origen de un pueblo**, del mismo modo que una lengua determina el carácter y la naturaleza de una cultura. Aunque dibujó mapas desde niño, el más importante en su evolución como narrador fue el de **Thror**, documento a partir del cual empezó a desarrollar la frase de apertura de *El hobbit*. En la década de 1930, **dedicó mucho tiempo y esfuerzo** a cartografiar sus mundos imaginarios. Más tarde, su hijo Christopher recopiló sus mapas en el volumen *La formación de la Tierra Media*, publicado en 1986.

Temas relacionados

véanse también
OXFORD
página 30
ECOLOGISMO Y DEFENSA DEL ENTORNO
página 148

Los distintos reinos

La Tierra Media está formada por reinos tribales gobernados por una capital, y prácticamente carece de regiones multiculturales. Todos estos lugares se definen por una **raíz etimológica**, y Tolkien concibió relatos muy detallados de la historia de cada uno: las tierras de los hombres, como Gondor y Rohan; las de los elfos, Rivendel y Lothlórien; Isengar, convertido en una tierra oscura y corrupta donde Saruman recluta los ejércitos del Señor Oscuro; Moria, la ciudad de los enanos; **la Comarca de los hobbits**; Mordor, el bastión de Sauron, y muchísimos más. Mediante lugares metafóricos como **la torre gótica de Cirith Ungol** o los bosques etéreos de Lothlórien, el paisaje de cada reino refleja el carácter del pueblo que habita en él.

«En mi opinión, parte del atractivo se debe a que es posible vislumbrar una larga historia subyacente: un atractivo similar al de avistar una isla desierta o ver el resplandor de las torres de una ciudad lejana entre la neblina y los rayos de sol».

CARTAS DE J. R. R. TOLKIEN

El Silmarillion

Mitopeya

En muchos sentidos, la obra más importante de Tolkien es *El Silmarillion*, que empezó a escribir en su juventud y a la que dedicó toda una vida. Esta **colección de leyendas** establece los fundamentos de casi todos sus relatos, y fue el canal a través del cual concibió y dio forma a sus mundos, lenguas y mitos. En un primer momento lo tituló «**legendarium**», y lo definió con otra palabra acuñada por él mismo: «mitopeya», que es la obra en la que un autor expone sus relatos mitológicos completos. En ese sentido, *El Silmarillion* es una mitopeya sin igual tanto por su extensión como por su complejidad. Las historias que lo componen (de guerras y romances, de nacimientos y desapariciones de civilizaciones) son **comparables a las de la Tierra Media**.

Resumen

Aunque *El Silmarillion* no goce del éxito comercial ni de crítica de *El señor de los anillos* o *El hobbit*, ofrece el contexto de estos dos libros, que no existirían sin él.

Una historia confusa

El Silmarillion recoge algunas de las historias más populares de Tolkien, como el romance entre Beren y Lúthien o **el viaje de Eärendil**. La obra se divide en cinco apartados que narran con todo lujo de detalle la historia de la Tierra Media, desde su creación hasta el fin de la Tercera Edad del Sol, con la derrota de Sauron y el inicio de la Edad de los Hombres. El apartado «Quenta Silmarillion» es el más extenso y narra el **robo de los Silmarils** (tres joyas mágicas élficas) por parte del Señor Oscuro Melkor (más tarde, Morgoth), quien corrompe a Sauron y los balrog. La guerra que se desencadena entre las fuerzas oscuras y los pueblos libres lleva a **la unión de los elfos y los hombres**, y la luz largo tiempo expulsada de la Tierra Media vuelve a brillar. El «legendarium» de Tolkien es el contexto en que se desarrolla la aventura de Frodo.

Temas relacionados

véanse también
EL HOBBIT
página 66
LA «SECUELA»
página 74

La recopilación de los relatos

Tolkien empezó a escribir lo que acabaría convirtiéndose en *El Silmarillion* en 1914, pero nunca lo terminó. El encargado de recopilar en una única narración la enorme cantidad de notas y relatos dispersos fue su hijo **Christopher**. Este llevó a cabo una auténtica hazaña, puesto que en ocasiones incluso tuvo que crear hilos narrativos enteros para **dar coherencia a una historia que abarca distintas edades**. *El Silmarillion* se considera una obra de ficción menor comparada con *El señor de los anillos* y *El hobbit*, mucho más populares, pero sin duda ofrece un maravilloso contexto de estas. En ella no hay personajes emblemáticos como Frodo o Gandalf ni una misión heroica que cumplir, pero proporciona al lector más fiel una herramienta impresionante para **explorar a fondo la riqueza del universo imaginario de Tolkien**.

«No nos atañe a nosotros dominar todas las mareas del mundo, sino hacer lo que está en nuestras manos por el bien de los días que nos ha tocado vivir».

EL RETORNO DEL REY

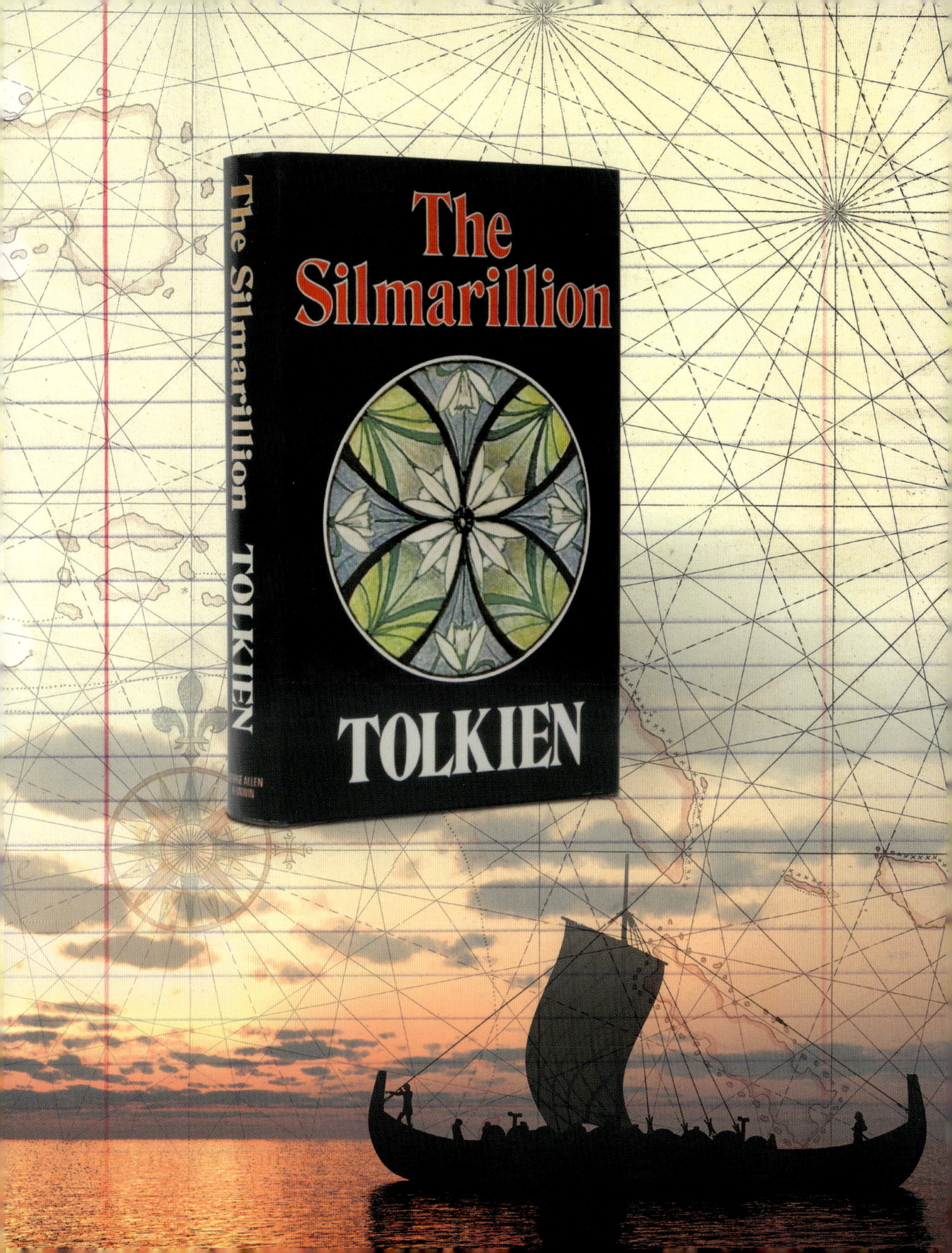
The Silmarillion
TOLKIEN
The Silmarillion TOLKIEN

Relatos cortos

«Egidio, el granjero de Ham»

Publicada en 1949, esta **fábula sobre un granjero** que se enfrenta al dragón Crisófilax es una muestra fascinante de las ideas e interpretaciones tempranas de Tolkien sobre las sagas románticas. Se trata de un **divertido cuento** en el que el granjero Egidio deja atrás sus orígenes humildes y llega a rivalizar con el propio rey. Se sitúa en la Inglaterra medieval y, aunque tenga elementos de fantasía, probablemente está más cerca del ciclo artúrico de Malory que del «legendarium» de la Tierra Media. A pesar de ser **un relato infantil** y carecer de las temáticas profundas y oscuras que incluso se apuntan en *El hobbit*, puede considerarse un anticipo de las obras épicas que Tolkien escribiría más adelante.

«Las aventuras de Tom Bombadil»

Tom Bombadil es un personaje fascinante que aparece en varias obras de Tolkien. Es un espíritu que simboliza la naturaleza y **uno de los seres más antiguos** del panteón de la Tierra Media. Los elfos creen que es una encarnación de **la antigua energía vital del bosque**. Aparece por primera vez en el poema «Las aventuras de Tom Bombadil», que Tolkien escribió para sus hijos, y más tarde se convertiría en **una canción popular de los hobbits**. Este personaje se asocia sobre todo con *El señor de los anillos* no solo porque aparece en el primer tomo (cuando Frodo y sus compañeros hobbits se lo encuentran de camino a Rivendel), sino también porque establece el tono de la aventura.

«El herrero de Wootton Mayor»

Cuando pidieron a Tolkien que redactara el prefacio de **los cuentos de hadas de George MacDonald**, prefirió escribir este cuento con el objetivo de ridiculizar la idea de que este tipo de literatura es puramente infantil. «El herrero de Wooton Mayor», escrito por Tolkien a los setenta años, es profundo y oscuro, y posee **el estilo melancólico, reservado y elegante** que adoptan los escritores cuando se acercan al final de la vida. El herrero del título encuentra una estrella mágica escondida en un pastel, que le da acceso al mundo fantástico de las hadas. Trata temáticas familiares para los lectores de Tolkien (la magia, el deber, el destino, la corrupción y la locura), pero pretende ser distinto, mostrándose **reflexivo y abiertamente profundo**.

Resumen

Los relatos cortos de Tolkien son importantes para cualquier lector que quiera comprender la evolución del escritor, ya que muchos anticipan el rumbo que tomaría en el futuro y anuncian sus obras cumbre.

Temas relacionados

véanse también

RELATOS
página 46
AUTOR DE LITERATURA INFANTIL
página 50

«¿Cómo se retoma el hilo de toda una vida? ¿Cómo seguir adelante cuando en tu corazón empiezas a entender que no hay regreso posible?».

EL RETORNO DEL REY

J. R. R. TOLKIEN
The Adventures of Tom Bombadil
ILLUSTRATED BY PAULINE BAYNES
Farmer Giles of Ham
BY J. R. R. TOLKIEN
embellished by PAULINE DIANA BAYNES
J. R. R. TOLKIEN
Smith of Wootton Major

Preocupaciones e inquietudes

Una persona obsesiva

A pesar del recelo y la abierta aversión que Tolkien sentía por la alegoría, el relato que publicó en *Dublin Review* en 1945 suele considerarse como tal. «**Hoja, de Niggle**» es, sin duda, si no una alegoría, una historia inspirada en las experiencias y frustraciones del autor con su vida y su obra. Tolkien solía definirse a sí mismo como *niggler* (que en inglés significa algo así como «persona excesivamente meticulosa»), pues revisaba obsesivamente una y otra vez todas y cada una de las frases que escribía. Niggle, el protagonista, es un pintor que quiere pintar un gran árbol con el bosque de fondo, y **se obsesiona con cada hoja**, atendiendo a todos los detalles que la hacen única. Pronto, todas sus demás tareas se ven abandonadas o integradas en este gran proyecto. No obstante, mientras intenta llevarlo a cabo, **le distraen las obligaciones mundanas de la vida cotidiana**, hasta que finalmente se da cuenta de que nunca podrá completar su cuadro.

Cuentos geniales

Tolkien **escribió e ilustró el cuento infantil** «El señor Bliss» en la década de 1930, pero no se publicó hasta 1982, casi un decenio después de su muerte. El protagonista vive una serie de graciosos incidentes con su coche (el propio Tolkien era un conductor temerario), y recuerda al señor Sapo del clásico infantil de Kenneth Grahame «El viento en lo sauces», publicado en 1908. La historia relata las aventuras del protagonista del título en su nuevo coche, con el que causa el caos y el desorden general, incordiando a tenderos, vecinos e, incluso, a un oso. Tolkien escribió muchos cuentos de este tipo, **muy distintos de las obras que le hicieron célebre**. Entre ellos destacan «Roverandom», la historia de un perro juguetón a quien un mago convierte en juguete, o el maravilloso libro *Las cartas de Papá Noel*, que recoge los cuentos que el autor escribió en las cartas que cada año por Nochebuena recibían sus hijos de parte de Papá Noel, y que él mismo enviaba.

Obras con mensaje

Las obras de Tolkien se caracterizan por **su uniformidad temática**. El autor habla sobre el lugar que la humanidad ocupa en el mundo, el error de considerarnos seres especiales y autosuficientes, y la obligación de vivir en armonía con la naturaleza en vez de subordinarla a nuestras necesidades. En la actualidad, no solo se le considera **el padre de la literatura fantástica moderna**, sino también uno de los primeros ecologistas, quien a menudo expresó sus ideas radicales a través de las palabras de sus personajes. Cuando sus obras principales se publicaron en ediciones de bolsillo en la década de 1960, estas temáticas **sintonizaron con los jóvenes activistas, cultos y concienciados**.

Resumen

No todas las obras de Tolkien giran en torno a la Tierra Media o están inspiradas en la mitología nórdica medieval; de hecho, algunos de sus cuentos infantiles más alegres y divertidos son muy distintos.

Temas relacionados

véanse también
RELATOS
página 46
RELATOS CORTOS
página 98

«Quizá todos los cuentos se tornen reales; aun así, una vez redimidos, se parecerán tanto y al mismo tiempo tan poco a las formas con que salen de nuestras manos como el hombre, una vez salvado, a la criatura caída que ahora conocemos».

SOBRE LOS CUENTOS DE HADAS

Tolkien en el despacho de su casa

El señor Sapo

Profesor universitario

Obras académicas

Tolkien era ante todo un profesor universitario, y de los destacados. Junto con C. S. Lewis, se esforzó por **divulgar entre el gran público** el ámbito de su especialidad, relegada hasta entonces a los círculos intelectuales, utilizando sus populares relatos fantásticos como una ventana abierta al apasionante mundo del folclore y la mitología europea. Su profundo **conocimiento de las lenguas medievales** le ayudó a crear las lenguas de la Tierra Media, y los romances y aventuras de su propio universo mítico se inspiraron en las grandes obras de antaño, como «Beowulf» o *Sir Gawain y el caballero verde.* Más allá de los confines de la Tierra Media, **Tolkien es autor de importantes ensayos**, conferencias y traducciones relacionados con estos dos textos mediavales.

Resumen

Tolkien era un gran especialista en el campo de la filología y la lengua inglesa; sus pasiones académicas se reflejan también en sus obras de ficción.

«Beowulf»

La célebre conferencia de Tolkien sobre la epopeya «Beowulf», titulada *Los monstruos y los críticos*, **modificó el enfoque de los estudios analíticos** de esta obra, que hasta entonces se centraban en su importancia histórica, desviándolos a su relevancia literaria. Tolkien era un gran admirador del poema, al que consideraba **una de las mayores obras de la literatura inglesa**, digna de ser analizada en los mismos términos reservados a Chaucer o Shakespeare, y no como una simple reliquia literaria. El relato cuenta la historia del héroe Beowulf, quien libera a un pueblo del asedio del monstruo Grendel. Sin duda, influyó en el estilo fantástico de Tolkien, quien **le rinde un homenaje especial** en *El hobbit*, concretamente en el pasaje en que Bilbo se enfrenta a Smaug, así como en la conexión filológica entre Beorn, el cambiapieles con quien se encuentran Bilbo y sus compañeros, y el propio héroe Beowulf.

Temas relacionados

véanse también
PROFESOR Y ERUDITO
página 40
ÉXITO
página 56

Sir Gawain y el caballero verde

Cuando en 1953 Tolkien es invitado a participar en el prestigioso ciclo de conferencias «W. P. Ker» en **la Universidad de Glasgow**, decide analizar la obra *Sir Gawain y el caballero verde*, cuyos temas principales coinciden con los de su propia obra. En ella aparecen, un héroe de rasgos caballerescos, una misión que cumplir y un claro mensaje ecologista. También **posee una oscuridad y brutalidad explícitas**, comunes en los mitos de su época, pero que, según Tolkien, se perdieron en las obras fantásticas de los siglos XIX y XX. Se trata de un relato complejo en que resulta difícil distinguir claramente al héroe del villano. **La remarcable traducción** de Tolkien se ha convertido en el texto de referencia.

«Los cuentos populares suelen contener elementos inconsistentes y recursos trillados, incluso con escasa virtud: pero también contienen en abundancia algo de mucho mayor peso y que no puede distinguirse fácilmente de los mitos».

***BEOWULF: LOS MONSTRUOS Y LOS CRÍTICOS*, 1934**

Universidad de Glasgow, Escocia

Después de Tolkien

Ahondar en la historia de la Tierra Media

La familia de Tolkien (y en especial su hijo Christopher) empezó a **recoger sus obras inéditas** tras su muerte en 1973. Como resultado, se publicó una serie de doce libros titulada *La historia de la Tierra Media*. El primer volumen, *El libro de los cuentos perdidos 1*, se publicó en 1983, y el último, *Los pueblos de la Tierra Media*, en 1996. Además de historias construidas a partir de **los manuscritos que el autor dejó sin concluir**, contienen glosarios, mapas y comentarios sobre los personajes. Aunque la crítica general no le prestó mucha atención, la colección ofrece **material fascinante** no solo sobre la Tierra Media, sino también sobre el mundo interior del propio Tolkien.

Resumen

La publicación constante de obras póstumas inéditas de Tolkien ha seguido alimentando la industria de la fantasía.

Christopher Tolkien

Christopher, el hijo menor, **ha trabajado sin descanso** para que la obra de su padre llegue a los lectores bajo un formato que él, el perfeccionista «obsesivo», no habría completado nunca. Hacia el final de su vida, Tolkien se resignó a la idea de que *El Silmarillion* nunca sería publicado, pero Christopher lo llevó a la imprenta después de **trabajar durante años sobre el manuscrito**. Además de este logro, llevó a cabo la compleja tarea de reordenar y recopilar los documentos de su padre en *La historia de la Tierra Media* y, más recientemente, ha publicado sus colecciones de poesía. En 2007 editó *Los hijos de Húrin,* y en 2009, el poema «La leyenda de Sigurd y Gudrún». En muchos sentidos, Christopher ha mantenido viva la llama de la Tierra Media.

Temas relacionados

véanse también

LA VIDA EN OXFORD
página 44
UN ÉXITO PERDURABLE
página 112

Influencia en la cultura contemporánea

J. R. R. Tolkien ejerce una influencia inestimable sobre el mundo de la fantasía, hasta el punto de considerarse **el padre de la industria fantástica moderna**. Modificó la forma como los escritores enfocan el género, **trató temáticas universales sin recurrir a la alegoría**, liberó el género de los confines de la literatura infantil y juvenil, situó personajes modernos en escenarios antiguos y provocó una verdadera implicación emocional en el lector. Antes de *El señor de los anillos*, el género era pobre y arcaico, y aunque la obra y el estilo del propio Tolkien puedan tacharse de arcaicos, su legado no podría ser más moderno. La inmensidad de su obra ha demostrado que **el género fantástico no tiene límites**, y probablemente ejerza una influencia aún mayor en la industria del entretenimiento que en la propia literatura.

«Me divierto muchísimo con los hobbits, me los imagino constantemente comiendo y haciendo sus comentarios ingenuos, y me doy cuenta de que ni a mis fans más devotos les ocurre lo mismo».

CARTAS DE J. R. R. TOLKIEN

Capítulo 3

Influencia

Un éxito perdurable

El padre de la fantasía

Al analizar la influencia que ejerce Tolkien, es imprescindible hablar del extraordinario éxito de *El señor de los anillos*. Con su enfoque mitopéyico de la fantasía, **modificó el panorama** y las posibilidades no solo de la literatura moderna, sino de muchos otros aspectos de la cultura popular. No en vano se le conoce como el «padre de la fantasía». Si solo hubiera escrito *El hobbit*, sería recordado simplemente como el autor de un relato infantil original y extremamente popular. Sin embargo, *El señor de los anillos* **se ha consolidado como fuente de inspiración en muchos ámbitos de la industria del entretenimiento**, desde la literatura y el cine hasta la música y el teatro.

Resumen

Además de ser un éxito mundial y recibir varios galardones, los libros de Tolkien sobre las historias de la Tierra Media han contribuido a renovar todo un género literario.

Millones de lectores

La fama internacional de un libro no siempre se traduce en las cifras de ventas. Sin embargo, se calcula que *El hobbit* y la trilogía de *El señor de los anillos* han vendido, cada uno, **150 millones de ejemplares en todo el mundo**, y se han traducido a más de **38 lenguas**. La magnitud de estas cifras y la disparidad de los cálculos hablan por sí mismas. El conjunto de la obra de Tolkien es inabarcable, ya sea desde el punto de vista de la influencia que ejerce sobre la cultura contemporánea como desde el de las estadísticas objetivas. A pesar de todo, no cabe duda de que sus relatos, concebidos originalmente como cuentos de cuna para sus hijos, **siguen influyendo en la vida de millones de lectores** de todo el mundo.

Temas relacionados

véanse también
ÉXITO
página 56
FRODO LO CONQUISTÓ TODO
página 82

Galardones

Las obras de Tolkien han recibido una gran cantidad de galardones, en especial del género fantástico, como **el Premio Internacional de Fantasía en 1957**, o el Premio Prometeo en 2009. Sus adaptaciones han gozado de un éxito similar; entre ellas destaca **la nominación a los Oscar de Peter Jackson** en 2004 por su versión cinematográfica de la trilogía de *El señor de los anillos*. En 2006, la versión en formato de musical de la novela fue nominada a **siete premios Olivier** en Londres. El mayor defensor de las obras de Tolkien, no obstante, ha sido siempre el público, que las ha situado a menudo en los primeros puestos de las listas de libros favoritos, así como en el ránquing de **los mejores libros del siglo**, hecho que ha consagrado al autor como uno de los más queridos por el gran público.

«Vas hacia el camino, y si no cuidas tus pasos, no sabes hacia dónde te arrastrarán».

FRODO CITA A BILBO,
LA COMUNIDAD DEL ANILLO

Peter Jackson ganó varios Oscar por sus adaptaciones cinematográficas

Todo un clásico

¿Literatura culta?

El éxito y la popularidad de Tolkien alimentan el eterno debate: ¿puede la literatura fantástica considerarse un género culto? Si bien muchos críticos la tachan de infantil, basada en argumentos inconsistentes, repleta de recursos fáciles para **evadir al lector de la realidad** y ligera en cuanto a fondo y forma, ninguna de estas características es aplicable a los relatos de Tolkien. Y es que ningún escritor de literatura fantástica ha creado jamás una obra tan compleja como él. **Sus mejores sucesores**, como George R. R. Martin, Philip Pullman o Alan Garner, no lo imitan, sino que, más bien, **han desarrollado su propio estilo sobre los cimientos** que forjaron la portentosa imaginación del creador de la Tierra Media.

Reconocimiento por parte del público

Hace poco salió a la luz que en 1961 C. S. Lewis presentó **la candidatura de Tolkien al Premio Nobel**, el galardón literario de mayor prestigio, pero los jueces la desestimaron por el estilo arcaico de su prosa. Curiosamente, aquel año el premio lo recibió el novelista yugoslavo **Ivo Andric**, autor de *La trilogía de Bosnia*, una serie de novelas que retratan el folclore de su tierra natal. Tolkien nunca se mostró demasiado preocupado por la falta de reconocimiento por parte del *establishment* de su época. Y es que, aunque su obra fue objeto de críticas durísimas (así como otras excelentes), su mayor satisfacción era **la innegable popularidad entre los lectores**, sobradamente demostrada por la influencia que sigue ejerciendo a día de hoy.

El género fantástico

En realidad, la crítica no menosprecia el género fantástico en sí: más bien, el problema estriba en la forma que adopta. Algunos de los más grandes escritores de la historia han transmitido sus mensajes desde mundos fantásticos, como Jonathan Swift con ***Los viajes de Gulliver***. Los mejores escritores del siglo XX, desde contemporáneos de Tolkien como **George Orwell** hasta autores actuales como Doris Lessing y Margaret Atwood, probablemente no citarían al autor de *El señor de los anillos* como **una de sus principales influencias**. No obstante, con su uso de escenarios ajenos pero familiares y su exploración de temáticas profundas en relatos de fantasía, Tolkien propició una profunda e innovadora revisión del género que abrió un horizonte de inmensas posibilidades para la literatura.

Resumen

Existe un eterno debate sobre si la literatura fantástica es un género culto. En cualquier caso, la influencia de Tolkien es sin duda omnipresente, desde los cuentos infantiles hasta la literatura culta más respetada.

Temas relacionados

véanse también

PROFESOR UNIVERSITARIO
página 102
UN GÉNERO PROLÍFICO
página 118

«De mayor quería escribir El señor de los anillos. El problema era que ya estaba escrito».

NEIL GAIMAN

George Orwell

Los viajes de Gulliver

Ivo Andric

Fantasía épica

Las crónicas de Narnia

Tolkien creía que su gran amigo C. S. Lewis nunca habría escrito *Las crónicas de Narnia* de no ser por la influencia de sus propias obras de ficción. Ciertamente, Lewis era **un gran admirador** no solo de su obra, sino de la actitud y los recursos que empleaba a la hora de **construir los relatos**, y nunca negó la fuente de inspiración que Tolkien supuso para él. A este, por su parte, no le gustaban los relatos de su amigo por varias razones. Así, **rechazaba de modo rotundo la alegoría** como figura literaria, característica que sin duda es aplicable a las *Crónicas*. Además, se sentía incómodo ante la rapidez con que había escrito la obra (los siete volúmenes se publicaron, en años consecutivos, entre 1950 y 1956).

Los mundos de Alan Garner

Alan Garner asumió el reto planteado por los editores de convertirse en próximo Tolkien y escribió una serie de obras fantásticas de alto nivel que, por su temática y conceptos, parecían construir un puente entre Tolkien y Lewis. *La piedra fantástica de Brisingamen*, publicada en 1957, fue un éxito de crítica y ventas. Fue el primer tomo de una trilogía de **novelas fantásticas** que se completó con la publicación de *Boneland* en 2012. Narra la historia de **las peligrosas aventuras** de Susan y Colin, dos niños que, con la ayuda de un mago, consiguen derrotar a unos demonios maléficos cerca de su tierra natal. La obra de Garner ensanchó todavía más las posibilidades de la literatura de ficción. Además, trasladó **los elementos fantásticos** de Tolkien a un mundo incluso más cercano al nuestro.

De espadas y brujos

Quizá la mayor contribución de Tolkien a la literatura haya sido la creación involuntaria de un nuevo género llamado «**fantasía épica**», cuya característica principal es la ubicación del escenario de la historia en un mundo alternativo (lo que Tolkien llamó «subcreación»). Los escritores de este género consideran a Tolkien y Lewis sus padres artísticos. Estas obras también se conocen como «**novelas de espada y brujería**», y pueden subdividirse en tres tipos: aquellas en que existe un único mundo que no es el nuestro (como *Canción de hielo y fuego*, de George R. R. Martin); aquellas en que se llega al mundo alternativo a través de una puerta de acceso situada en el nuestro (como *La materia oscura*, de Philip Pullman), y aquellas en que **el mundo alternativo se halla oculto dentro del nuestro** (como los libros de *Harry Potter*, de J. K. Rowling).

Resumen

La Tierra Media inspiró muchos tipos de novelas fantásticas. En ese sentido, la llamada fantasía épica y la «subcreación» son parte del legado literario de Tolkien.

Temas relacionados

véanse también
ÉXITO
página 56
UN GÉNERO PROLÍFICO
página 118

«Hay quienes han leído la novela, o en cualquier caso han escrito una crítica de ella, y la juzgan aburrida, absurda y despreciable; y no tengo nada que objetar, pues guardo una opinión similar acerca de sus obras».

***EL SEÑOR DE LOS ANILLOS*, PRÓLOGO DE LA SEGUNDA EDICIÓN, 1966**

C. S. Lewis

Un género prolífico

La fantasía no es un género infantil

Muchas grandes obras del siglo XX se han clasificado de manera injusta como literatura infantil solo por su **naturaleza fantástica**. Sorprendentemente, el menosprecio que encierra esta confusión se remonta ya a la Inglaterra victoriana, cuando *Los viajes de Gulliver* se consideraron un relato infantil original y no la sátira que realmente es. No obstante, vale más fijarse en **la intención de los autores** que en la de las editoriales. *La colina de Watership*, de Richard Adams, por ejemplo, presenta muchas similitudes con la obra de Tolkien: la ecología, lenguas y mitos inventados, comunidades de viajeros, una misión, así como la declaración expresa del propio autor de que este cuento sobre unos conejos **en busca de su utopía** no debe considerarse como un relato infantil.

Resumen

La influencia de la obra de Tolkien va mucho más allá de la popularidad de sus magos y hobbits, pues enseñó a crear nuevos mundos a generaciones de escritores de distintos géneros.

Otros mundos

La influencia de Tolkien puede apreciarse en un gran número de obras tan prestigiosas como populares, y que, a pesar de tratarse de relatos fantásticos, no se clasifican bajo su mismo género. Los libros de la saga *Mundodisco*, de **Terry Pratchett**, son un buen ejemplo de **fantasía cómica**, y algunos de sus elementos humorísticos se basan en personajes y tramas inspirados en Frodo, Gandalf y el concepto de la misión heroica. Dentro de la tradición tolkiana, destacan por su desbordante **creatividad**. Al otro extremo encontramos obras como *Canción de hielo y fuego*, de George R. R. Martin, que, si bien está ambientada en un mundo similar al de la Tierra Media, conforma una épica dinástica mucho más oscura, temeraria y centrada en **las grandes inquietudes del ser humano**.

Temas relacionados
véanse también
FANTASÍA ÉPICA
página 116
MAGOS Y DRAGONES
página 120

China Miéville y el contragolpe

Recientemente, escritores como **China Miéville** (que se desmarca de Tolkien y cita como influencias a H. P. Lovecraft, Mervyn Peake y Michael Moorcock) han luchado contra los estereotipos de la etiqueta «fantasía épica». De hecho, Miéville ha llegado a definir el legado de Tolkien como «atrofiante» y «pretencioso», y **ha modificado el enfoque de la literatura fantástica**, rechazando abiertamente las «batallitas heroicas para adolescentes» a favor de un estilo más picaresco. En ese sentido, bebe de muchos géneros, desde el *western* hasta la novela negra, pero, por mucho que se empeñe, su estilo narrativo dramático y la atención que dedica al escenario de sus mundos «subcreados» son evidentemente tolkianos. En la actualidad, ha reconocido la inevitable influencia de Tolkien, **expresando su admiración por la profundidad y el alcance de sus logros**.

«Por supuesto, la Tierra Media no ha sido el primer mundo inventado. Pero la forma como está concebido y organizado representa toda una revolución».
CHINA MIÉVILLE

6.

Terry Pratchett

China Miéville

Magos y dragones

Harry Potter

Las novelas de ***Harry Potter*, de J. K. Rowling**, quizá sean las únicas que puedan rivalizar con Tolkien en cuanto a popularidad mundial. En ellas, su influjo es evidente, desde la amenaza nazgûlesca de los mortífagos hasta las arañas gigantes, los trolls, los hechizos y los terribles señores oscuros. Sin embargo, como ocurre con tantos otros escritores actuales, la influencia de Tolkien no recae tanto en el proceso creativo como en la inevitable naturaleza del trabajo realizado a la sombra de su legado. Muchas de las influencias citadas por Rowling coinciden con las del propio Tolkien. Las célebres novelas de *Harry Potter* se han desarrollado, como otras, a partir de la síntesis del impulso creativo del propio autor y sus fuentes de inspiración, entre las que sin duda se encuentra Tolkien.

El mercado adolescente

El sector editorial se ha centrado durante años en el creciente mercado de **la literatura fantástica para adolescentes**, desde los populares libros juego de *Fighting Fantasy*, publicados por primera vez por Puffin en la década de 1980, hasta la saga *Crepúsculo*, de Stephanie Meyer. Es evidente que la industria entera le debe muchísimo a **la fama mundial** de *El señor de los anillos*. Muchas novelas, como *Harry Potter* o *La materia oscura*, pasan a engrosar un mercado estimulado y moldeado por el éxito comercial de Tolkien, mientras que otras, como *Eragon*, de Christopher Paolini, beben directamente de su legado.

Literatura *pulp*

Cuando los editores estadounidense de Tolkien vieron dispararse las ventas de la versión en rústica de *El señor de los anillos* en la década de 1960, el sector editorial decidió explotar el mercado de la literatura fantástica (al inicio, formado predominantemente por chicos adolescentes). Fue el origen de lo que ha acabado convirtiéndose en **la industria de la literatura fantástica en rústica**, tan extensa como la propia Tierra Media, con infinidad de obras provistas de llamativas portadas a todo color, a menudo inspiradas en las ilustraciones y los mapas del propio Tolkien. La popularidad de estos libros, también inspirados en las historietas de ciencia ficción y **los cómics de las décadas de 1940 y 1950**, revolucionó el panorama del sector editorial adolescente.

Resumen

La popularidad de Tolkien ha influido en el mercado de la literatura de ficción para adolescentes y en toda la industria surgida en torno a la creación de mundos fantásticos.

Temas relacionados

véanse también

AUTOR DE LITERATURA INFANTIL
página 50
FANTASÍA ÉPICA
página 116

«En los cuentos de hadas descubrí por primera vez el potencial de las palabras y la maravilla que subyace detrás de todas las cosas».

SOBRE LOS CUENTOS DE HADAS

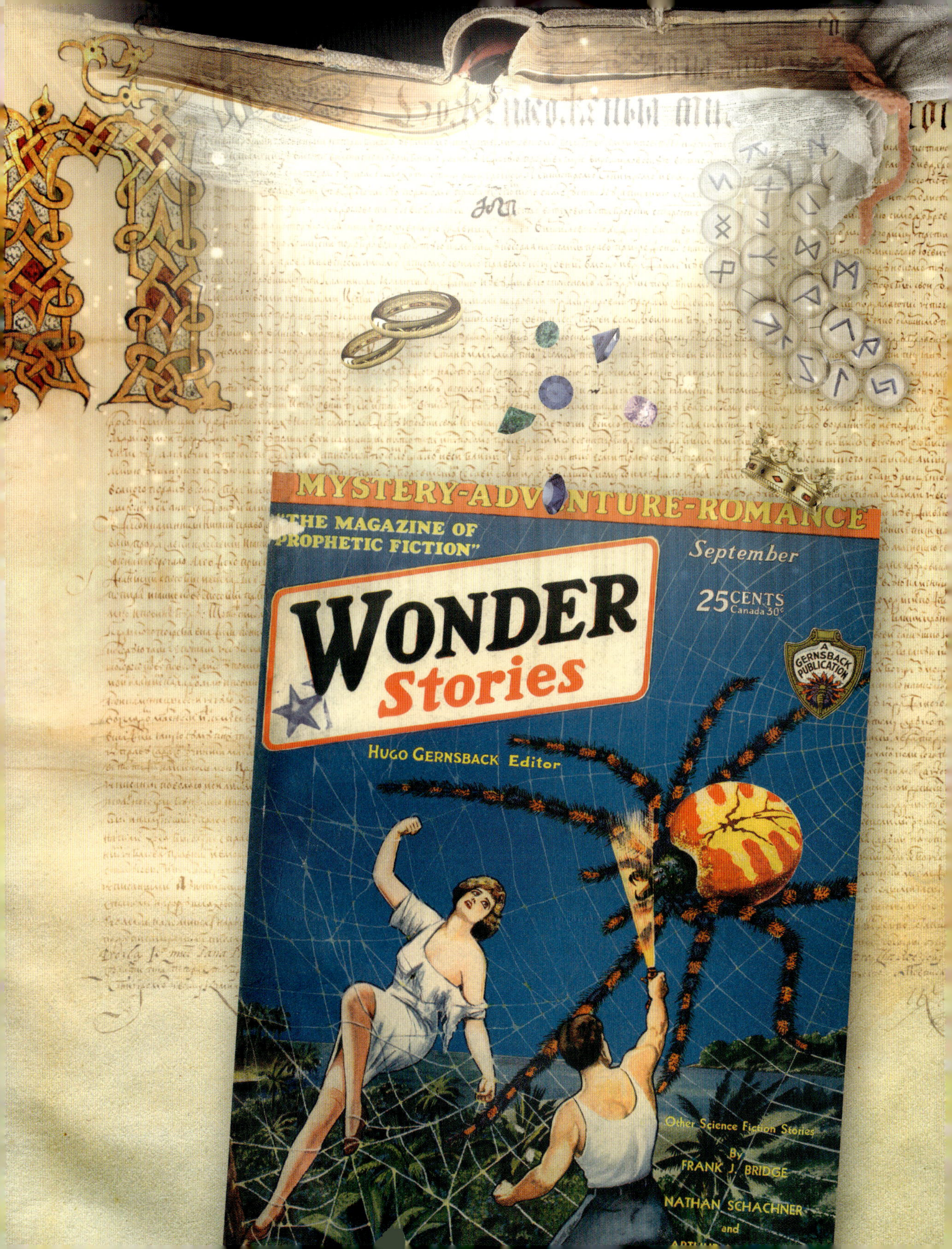
MYSTERY-ADVENTURE-ROMANCE
"THE MAGAZINE OF PROPHETIC FICTION"
September
25 CENTS Canada 30¢
WONDER Stories
A GERNSBACK PUBLICATION
HUGO GERNSBACK Editor
Other Science Fiction Stories
By
FRANK J. BRIDGE
NATHAN SCHACHNER
and

Las películas de *El señor de los anillos*

Filmar lo «infilmable»

El señor de los anillos se sitúa a caballo entre lo cinematográfico y lo «infilmable». La narración, la aventura, los héroes y villanos, así como la intensidad de la historia, parecen **prestarse a pasarse a la gran pantalla**; de hecho, es como si se hubieran concebido con dicho fin. No obstante, la mera extensión del relato y la enorme cantidad de elementos necesarios para recrear la Tierra Media en la gran pantalla hicieron que, durante mucho tiempo, se considerara una empresa imposible. En la década de 1970 se crearon **varias versiones de dibujos animados** (algo habitual para las historias supuestamente infantiles), entre las que destaca la maravillosa pero desafortunada **adaptación de Ralph Bakshi de 1978**, quien planeó organizar la película en dos partes, si bien al quedarse sin financiación nunca pudo empezar la segunda.

Resumen

El señor de los anillos de Tolkien afrontó muchas dificultades en su largo recorrido hacia la gran pantalla, la mayoría debidas a lo ambicioso de la historia.

Un esfuerzo épico

En un intento por completar la película de dibujos animados iniciada por Bakshi (que llega hasta la batalla del Abismo de Helm), **Saul Zaentz**, productor y propietario de gran parte de los derechos cinematográficos y de *merchandising* de Tolkien, convenció a la productora de televisión estadounidense Rankin/Bass de que produjera la segunda parte, ***El retorno del rey* (1980)**. Se trata de una versión ligera e infantil, muy distinta a la primera parte de Bakshi, mucho más oscura. También sirvió de secuela de la versión de *El hobbit* de Rankin/Bass, emitida en Estados Unidos en 1977. Todas las adaptaciones tuvieron que rebajar el tono épico de la historia para **adaptar el guion a un presupuesto limitado**.

Temas relacionados

véanse también
LOS OSCAR
página 126
EL HOBBIT DE PETER JACKSON
página 128

Una adaptación maestra

En 1997, el cineasta neozelandés **Peter Jackson**, que empezó filmando comedias de terror de bajo presupuesto, se entrevistó con Saul Zaentz y negoció los derechos de las películas. Tras largas conversaciones y bajo la presión de varios estudios cinematográficos, preocupados por el coste que suponía producir una trilogía y no una única película condensada, **New Line Cinema** apostó por el proyecto y se inició el rodaje. Aunque Jackson era un buen director, popular sobre todo entre los amantes del cine de terror, pocos podrían imaginar el éxito que conseguiría con la adaptación. De hecho, el tipo de películas que había rodado hasta entonces no parecía indicar que acabaría dirigiendo **una de las franquicias cinematográficas de mayor éxito de la historia** y que traería de vuelta a Hollywood los días de los taquillazos épicos.

«La película es una amalgama de muchos estilos, como todos mis filmes. Me gustan los fondos misteriosos. Me gusta lo dramático. Me gusta que haya mucho color saturado».

RALPH BAKSHI

La producción de *El señor de los anillos*

Reestructuración de la historia

Muchos consideran *El señor de los anillos,* de Peter Jackson, la mayor película épica de todos los tiempos. Con un presupuesto de **285 millones de dólares** y ocho años de trabajo, Jackson no solo consumó su particular visión de la historia, sino que se acercó a la visión del propio Tolkien como nadie lo hará probablemente nunca. No obstante, incluso una trilogía de estas dimensiones requiere la ardua tarea de **reestructurar la narración**. La línea argumental central se mantuvo en la misión de Frodo, y la segunda es la historia de Aragorn. Todo lo que no estaba relacionado con ambas, como el encuentro con Tom Bombadill, **se eliminó del guion**.

El escenario de la Tierra Media

Jackson filmó la trilogía completa en Nueva Zelanda, su país natal, y rodó las tres películas de forma consecutiva en poco más de un año. La diversidad y la impresionante belleza **del paisaje neozelandés** encajaban a la perfección con la visión que el director tenía de la Tierra Media, según él a medio camino entre las escenografías de Ray Harryhausen y David Lean. La fase de producción fue de una enorme complejidad y se creó **un ambiente familiar** durante todo el rodaje. Para conmemorar semejante experiencia, los miembros del reparto que hiciera célebre a la comunidad **se tatuaron el mismo motivo** en Wellington: la palabra «nueve» en tengwar, un tipo de escritura élfica creado por Tolkien.

Efectos especiales

Jackson empleó y desarrolló muchas **técnicas de efectos especiales** usadas por primera vez por el equipo de *Parque Jurásico*, de Steven Spielberg, en 1993. La trilogía contiene casi **3.000 planos de efectos especiales**. Las técnicas más originales fueron las que permitieron recrear el pequeño tamaño de los hobbits, la tecnología de captura de movimiento para recrear con animación digital el personaje de Gollum, interpretado por Andy Serkis, y lo más impresionante, el trabajo de conjunto necesario para la espectacular **escena culminante de *Las dos torres***: la batalla del Abismo de Helm. Jackson se inspiró en las innovaciones de Spielberg, y en la actualidad se le considera el maestro de los efectos especiales.

Resumen

La trilogía de *El señor de los anillos*, de Peter Jackson, está considerada por muchos la mejor película épica de todos los tiempos, y recrea a la perfección la visión que Tolkien tenía del mundo de la Tierra Media.

Temas relacionados

véanse también

LA «SECUELA»
página 74
LOS OSCAR
página 126

«Intentamos identificar aquello que era importante para Tolkien y rendirle el correspondiente homenaje».
PETER JACKSON

Rodaje en Nueva Zelanda

Los Oscar

Gran expectación

Las películas de *El señor de los anillos*, de Peter Jackson, se estrenaron en diciembre de tres años consecutivos, **de 2001 a 2003**, y se convirtieron de inmediato en un fenómeno comercial y de crítica. De hecho, incluso el tráiler disponible en internet en 2000 registró un récord de descargas, 1,7 millones tan solo en las primeras 24 horas. Las películas **rompieron varios récords** e igualaron otros muchos. Se convirtió en la trilogía más taquillera de la historia del cine (al superar incluso *La guerra de las galaxias*), con una recaudación de casi **tres mil millones de dólares** en todo el mundo. En la mayoría de los casos, la crítica mostró su absoluta admiración por la hazaña de Jackson y su equipo.

Resumen

La trilogía de Peter Jackson se convirtió en el proyecto cinematográfico más rentable de la historia, con unos ingresos de 8.000 millones de dólares entre taquillaje, DVD y *merchandising*.

De la novela al guion

El señor de los anillos es un hito del cine moderno. Aunque se trate de una historia épica en el sentido clásico del término, en la más pura tradición del cineasta Cecil B. DeMille, en el momento de su estreno fue la **película más innovadora a nivel técnico** nunca realizada. Constituye una adaptación perfecta al medio audiovisual de una de las mayores obras de la literatura del siglo xx, y supera los retos más exigentes del cine. Aunque modifique algunas líneas argumentales originales y la interpretación de Jackson **no sea una representación exacta** de la historia, muchos consideran que la versión cinematográfica recrea la Tierra Media tal y como la imaginaron la primera vez que leyeron las novelas. Se podría decir que no existe un ejemplo mejor del enorme potencial del cine a la hora de **dar vida a obras literarias**.

Temas relacionados

véanse también

LAS PELÍCULAS DE *EL SEÑOR DE LOS ANILLOS*
página 122
LA PRODUCCIÓN DE *EL SEÑOR DE LOS ANILLOS*
página 124

Los galardones

Aunque *La comunidad del anillo* y *Las dos torres* no sobresalieran especialmente en **los premios de la Academia de Hollywood**, *El retorno del rey* igualó los galardones de *Ben Hur* y *Titanic* al llevarse **los 11 Oscar** a los que estaba nominada. Mucha gente cree que la Academia esperó a premiar la última entrega como reconocimiento a la trilogía entera. En total, *El señor de los anillos* obtuvo **17 de un total de 30 nominaciones**. Tal vez los jueces más exigentes fueran la legión de lectores más fieles de Tolkien y, aunque se lanzara un DVD de coleccionista con ocho horas de rodaje y un argumento más ajustado a la trama original de la novela, la mayoría está de acuerdo en que la primera interpretación de Jackson ya es bastante fiel.

«[El señor de los anillos] es una producción impresionante por su audacia y su extensión, y tiene algunos toques geniales».
ROGER EBERT, *CHICAGO SUN-TIMES*, 2001

THE LORD OF THE RINGS
THE FELLOWSHIP OF THE RING

El hobbit de Peter Jackson

La historia de Bilbo

Era casi inevitable que, tras el gran éxito de *El señor de los anillos*, Peter Jackson se viera tentado de rodar *El hobbit*. Curiosamente, anunció que la historia se contaría en **una trilogía**: las dos primeras películas se estrenarían en el mes de diciembre de 2012 y 2013, y la última, en 2014. Muchos de los actores de *El señor de los anillos* retoman sus papeles, y **Martin Freeman** interpreta el codiciado papel de Bilbo Bolsón. El estreno de *El hobbit* fue la culminación de **la representación definitiva de la Tierra Media de Tolkien** en la gran pantalla.

Resumen

Era inevitable que Peter Jackson acabara dirigiendo *El hobbit;* su mayor reto fue unificar el tono de la película con el de la trilogía previa.

Un proyecto lleno de obstáculos

Jackson había expresado su deseo de filmar *El hobbit* en 1995, como parte de una trilogía en que las tres novelas de *El señor de los anillos* ocuparían la segunda y tercera entregas; no obstante, **los problemas relacionados con los derechos** de cada libro lo obligaron a rodar primero *El señor de los anillos*. Las complicaciones fueron resolviéndose con el tiempo, pero, en un principio, Jackson quería encargarse de la producción de *El hobbit* y delegar la dirección al visionario cineasta de ciencia ficción **Guillermo del Toro**. Por desgracia, las largas disputas legales y los retrasos del guion ocasionaron problemas de agenda al realizador mexicano, quien, a pesar de aparecer en los créditos como guionista, abandonó el proyecto.

Temas relacionados

véanse también

EL HOBBIT
página 66

LA PRODUCCIÓN DE *EL HOBBIT*
página 130

Un tono más oscuro

Jackson y Del Toro mantuvieron una relación profesional sana y productiva, y aquel adoptó muchas de las decisiones tomadas por este último durante el tiempo en que estuvo al mando del proyecto. Una de **las ideas importantes** era que el tono de *El hobbit* fuera similar al de la trilogía de *El señor de los anillos*. Del Toro quería empezar la película con un tono ligero y algo ingenuo en las escenas con la compañía de los enanos, y luego **llevar al espectador a un escenario más oscuro**, un mundo de corrupción y codicia. De hecho, lo comparó con el ambiente del advenimiento de la primera guerra mundial, como una sombra cerniéndose sobre el paisaje relajado de las ostentosas fiestas de jardín en la Europa de inicios del siglo XX.

«Creo que El hobbit es un poco más vivo. Y operístico. Y estrafalario. Una de las cosas que el libro remarca con más fuerza son las estaciones, así que estamos desarrollando las ideas en base a eso».

GUILLERMO DEL TORO

Guillermo del Toro

Martin Freeman en el papel de Bilbo Bolsón

La producción de *El hobbit*

Tecnología punta

Cuando Peter Jackson tomó la polémica decisión de filmar a **48 fotogramas por segundo** en lugar de los 24 habituales, los puristas opinaron que la película perdería la sensación granulosa del cine auténtico. Jackson, que también filmó en 3D, siempre apuesta por la tecnología punta. Le costó muchísimo convencer a los cinéfilos de que sus películas crearían **un nuevo tipo de realismo** para los amantes de la fantasía, y que este era el futuro del cine. Las primeras reacciones no fueron muy entusiastas, pero **el director siguió adelante con sus innovaciones técnicas**. Una cosa es cierta: la tecnología empleada en *El hobbit* es esencial para que la nueva trilogía sea comparable a la maravillosa triología de *El señor de los anillos*.

Resumen

La mano de Jackson se aprecia más en *El hobbit* que en *El señor de los anillos*, pues algunos personajes y tramas han sido creados por el propio director.

Dos no, tres

De nuevo, Jackson rodó la película en **Nueva Zelanda**, manteniendo en secreto la ubicación de algunas escenas. Muchos escenarios de *El hobbit* coinciden con los de *El señor de los anillos*, por lo que resultarán familiares a aquellos que conozcan la primera trilogía. Quizá lo más complicado de este **puzle cinematográfico** sea la estructura de la historia. En un primer momento, el proyecto preveía la realización de dos películas. Guillermo del Toro tenía algunas ideas sobre dónde cortar la historia, por ejemplo, después de la muerte de Smaug, pero Jackson tenía sus propias preferencias. Al final, el material era tan abundante que se dio cuenta de que tenía otra trilogía entre las manos. En julio de 2012, el director confirmó que se rodarían tres entregas de *El hobbit*.

Temas relacionados

véanse también
EL HOBBIT
página 66
***EL HOBBIT* DE PETER JACKSON**
página 128

La adaptación de Jackson

Jackson ha otorgado mayor protagonismo a determinados elementos de la novela combinando su vena creativa y la fuente de información que supone **la vasta historia de la Tierra Media de Tolkien**, que existe con independencia de las aventuras de los hobbits. Las aventuras paralelas de Gandalf, como el tiempo que pasa ausente consultando al Concilio Blanco o su confrontación con el **Nigromante**, cobran relevancia al tiempo que refuerzan la cohesión entre ambas trilogías. Además, se otorgan líneas argumentales a personajes de *El señor de los anillos* que en realidad no aparecen en la novela de *El hobbit* con el fin de **atar bien la narración** con la posterior aventura de Frodo. Como el relato de Tolkien, la película de Jackson da vida a un universo mítico vivo, extenso e interconectado.

«Quiero que parezca que hemos regresado al escenario de la Tierra Media, que se perciba que estas películas pertenecen al origen de las otras tres. Somos el mismo equipo de cineastas y recreamos el mismo mundo».

PETER JACKSON

En el escenario de la casa de Bilbo

Gandalf absorto en sus pensamientos

La influencia de Tolkien en el cine

Misiones heroicas

Una de las tendencias más importantes surgidas a partir del éxito mundial de las novelas de *El señor de los anillos* ha sido el interés de los departamentos de *marketing* de editoriales y estudios cinematográficos por las aventuras fantásticas. Al principio, la influencia de Tolkien no era muy evidente porque ninguna de sus obras se había llevado a la gran pantalla en **Hollywood**. No obstante, los estudios explotaron mitos bien conocidos del mundo antiguo en producciones como la serie *Simbad* (1958-1977), la película *Jasón y los argonautas* (1963) o *Furia de titanes* (1981). Tramas argumentales como **la misión heroica**, un mundo similar al nuestro pero amenazado por la malicia de seres mágicos o **las aventuras corales**, fundamentales en la obra de Tolkien, empezaron a moldear el concepto que Hollywood tenía de la aventura.

La guerra de las galaxias

Si es difícil imaginar el cine moderno sin la influencia de la saga de ***La guerra de las galaxias***, de George Lucas, también lo es, a su vez, concebir dichas películas sin la influencia de Tolkien. En esencia, la película es la historia de un personaje joven e ingenuo que se ve envuelto en un conflicto que tiene implicaciones más allá de su humilde mundo, pues podría acabar con el mismo universo. A Luke Skywalker le acompaña **un curioso grupo de aventureros**, entre ellos un anciano con barba y poderes mágicos cuyos orígenes tienen que ver con un misterioso orden místico. El joven protagonista tiene que encontrar dentro de sí una fuerza que desconocía para derrotar **un poder oscuro colosal**.

La comunidad fantástica

Como resultado directo del gran éxito de *La guerra de las galaxias*, que en muchos sentidos es una especie de «*El señor de los anillos* espacial», **el género fantástico se puso de moda** en Hollywood. En la década de 1980, películas como *Krull*, *Willow*, *Dentro del laberinto* o *Jabberwocky* marcaron una tendencia que acabaría desembocando en las versiones de Peter Jackson de la obra de Tolkien a principios de siglo. A su vez, **el cine de superhéroes** se ha visto muy influido por las innovaciones técnicas de Jackson. El estilo tolkiano también ha dejado huella más allá de Hollywood. **Studio Ghibli**, el mejor estudio de animación japonés, creador de algunas de las películas fantásticas más maravillosas de los últimos treinta años, empezó como la compañía Topcraft, responsable de gran parte de los trabajos de animación de la versión de Rankin/Bass de *El hobbit*, en 1977.

Resumen

Tolkien ha influido muchísimo en la industria cinematográfica, desde las películas sobre misiones heroicas hasta las obras espaciales, pasando por el mejor *anime* japonés o el cine de serie B de la década de 1980.

Temas relacionados

véanse también

DESPUÉS DE TOLKIEN
página 104
LAS PELÍCULAS DE *EL SEÑOR DE LOS ANILLOS*
página 122

«Tienes que competir de frente con películas de ciencia ficción y fantasía épica como las de Tolkien, La guerra de las galaxias...
La gente quiere constantemente una realidad alternativa a la que entregarse. Esto enriquece sus vidas y les da sentido».

JAMES CAMERON

Studio Ghibli, animadores de las primeras adaptaciones de la obra de Tolkien

Música

El paisaje instrumental

Las grandes obras literarias siempre han inspirado otras expresiones artísticas, como la música. No resulta sorprendente que las descripciones minuciosas de los vastos paisajes de la Tierra Media se evocaran en célebres piezas de **música de orquestra**, como la fabulosa y premiada banda sonora de Howard Shore para las películas de Peter Jackson. Compositores como Aulis Sallinen, Ensio Kosta o Paul Corfield Godfrey se han inspirado en los personajes de los relatos de Tolkien. Además, cuando **el musical de *El señor de los anillos* producido por Saul Zaentz** se trasladó de Toronto a Londres en 2007, el trabajo de los compositores A. R. Rahman y Christopher Nightingale fue nominado a los **premios Olivier**. Algunos artistas han musicado las canciones populares de Tolkien; entre ellos, destaca Donald Swann, que contó con la aprobación del propio escritor.

Led Zeppelin

Las referencias de **Led Zeppelin** a la obra de Tolkien son célebres. Muchos de sus éxitos están inspirados en el universo mítico y el paisaje de la Tierra Media. El tema «Ramble On», de su segundo álbum, *Led Zepelin II*, hace referencia directa a Mordor y a **un anillo mágico**. Jimmy Page y Robert Plant procedían de la escena del folk y el blues, por lo que no resulta sorprendente que usaran la mitopeya de Tolkien como fuente de inspiración. Estas estrellas del rock de finales de las décadas de 1960 y 1970 recurrieron al simbolismo **del misticismo olímpico**, y fue una progresión natural acabar sumergiéndose en el universo tolkiano. El hecho es que a mediados de la década de 1970 se había creado una clara relación entre este último y el rock progresivo (no siempre afortunada, pues algunas bandas pasaron de componer temas épicos a caer en una autocomplacencia épica).

Heavy metal

El *heavy metal* se ha visto especialmente influido por la obra de Tolkien, debido en parte a Led Zeppelin, los abuelos del género. Muchos músicos se han sentido atraídos por **la creatividad de sus lenguas inventadas**, y algunas bandas han adoptado nombres como Cirith Ungol, Isengard y Amon Amarth. Su influjo incluso se abre paso a través de la distorsión de los *power chords* típicos del metal, suavizando el sonido con trasfondos de **folclore anglosajón** no solo en Led Zeppelin, sino también en bandas como la australiana Summoning o la oscura y agresiva Gorgoroth.

Resumen

La influencia de Tolkien en la música ha sido diversa pero constante: abarca desde compositores clásicos hasta los extremos más oscuros del rock progresivo y el *heavy metal*.

Temas relacionados

véanse también

LA INFLUENCIA DE TOLKIEN EN EL CINE
página 132
ARTE FANTÁSTICO
página 136

«Los ciclos deberían relacionarse con un todo mayor y, aun así, dejar espacio a otras mentes y manos, entregándose a la pintura, la música o el arte dramático».

CARTAS DE J. R. R. TOLKIEN

El señor de los anillos
con orquesta en directo

Jimmy Page, de
Led Zeppelin

Arte fantástico

El deleite de ilustrar

El origen del arte pictórico fantástico se remonta a la mitología y la magia de las culturas de la Antigüedad, y suele relacionarse con una expresión religiosa (es célebre en ese sentido el cuadro del Bosco ***El jardín de las delicias***, 1500). Tolkien ha llegado a generaciones de artistas modernos, quienes han ilustrado directamente sus relatos o se han inspirado en ellos. De hecho, él mismo ilustró algunas de sus obras, como las pintorescas montañas de la portada original de *El hobbit*. Ilustradoras de renombre como **Pauline Baynes** y **la reina Margarita II de Dinamarca** también colaboraron en sus ediciones. Cuando la Tierra Media empezó a inspirar juegos de rol, calendarios y coleccionables, dibujantes de primera línea, como **Angus McBride** y el estadounidense **Tim Kirk**, ganador de un Premio Hugo, afrontaron el reto de recrear los maravillosos paisajes y personajes del mundo de Tolkien.

Resumen

Para sus adaptaciones cinematográficas, Peter Jackson recurrió a las ilustraciones de arte fantástico inspiradas en la obra de Tolkien.

Recrear la Tierra Media

Los espectaculares paisajes de la obra de Tolkien, **sus personajes entrañables** y peligros oscuros son un enorme estímulo para la imaginación de los artistas. El autor ayudó a revivir el interés por los seres fantásticos y las temáticas heroicas, que prácticamente habían permanecido olvidados desde los prerrafaelitas. Peter Jackson recurrió a la nueva generación de artistas fantásticos para que le ayudaran a crear la estética de sus películas, pidiendo consejo a los mejores ilustradores de Tolkien, como **John Howe y Alan Lee**. En la actualidad, ambos cuentan con gran cantidad de fans a raíz de su trabajo en proyectos relacionados con Tolkien desde la década de 1990, como los diseños de las cubiertas de sus libros o de algunos calendarios. Jackson les pidió que dieran su visto bueno al ambiente de las películas, y Howe incluso se encargó de **diseñar las armas** y armaduras de los personajes.

Temas relacionados

véanse también

MÚSICA

página 134

VIDEOJUEGOS DE ROL

página 142

Un vasto paisaje

La industria de la fantasía, que pronto abarcaría todos los ámbitos del entretenimiento, como los videojuegos, los juegos de mesa, el cine o el teatro, fue impregnándose de la imaginería de Tolkien, y sus paisajes pintorescos y personajes emblemáticos se convirtieron en toda una referencia para ilustradores y dibujantes. Grandes nombres del arte fantástico del siglo XX se inspiraron sin duda en él, como **Frank Frazetta** y, más tarde, artistas contemporáneos como Bob Eggleton y Michael Whelan. En el caso de este último, es sorprendente cómo las extensas vistas de **los paisajes de sus mundos fantásticos** subcreados parecen casi precursoras de los escenarios neozelandeses de las películas de Peter Jackson.

«Había leído El señor de los anillos a los 17 años. Me encantó el mundo que el autor había creado, así que, cuando más tarde tuve la oportunidad de ilustrar las obras, fue un sueño hecho realidad».

ALAN LEE

El jardín de las delicias del *Bosco*

Dibujos provisionales de los ents, los orcos y Gollum, por Angus McBride

Fans y convenciones

La Sociedad Tolkien

La Sociedad Tolkien del Reino Unido se fundó en 1968 y, en la actualidad, se ha convertido en la sede central de todos los clubes de fans y sociedades en torno a la figura de Tolkien. Edita una revista y organiza convenciones anuales. En Estados Unidos, la Sociedad Tolkien Estadounidense pasó a formar parte de la actual **Sociedad Mitopéyica**, que pretende satisfacer las inquietudes tanto de fans como de académicos en el estudio de la obra del célebre autor. Los fans, además de estudiar minuciosamente su obra, son conocidos por **disfrazarse** como sus personajes favoritos de la Tierra Media. Es habitual ver a hobbits, magos, orcos y hombres de Gondor en las convenciones anuales de cultura fantástica, como **Comic-Con, en San Diego**, Mythcon (la conferencia de la Sociedad Mitopéyica) y Oxonmoot (encuentro mundial de sociedades Tolkien, que tiene lugar en Oxford hacia el 22 de septiembre, que es el cumpleaños de Bilbo y Frodo Bolsón).

Traducciones de la obra de Tolkien

No solo los fans británicos y estadounidenses han creado sociedades Tolkien. En Escandinavia, tierra que el autor amaba y admiraba por sus históricas sagas en nórdico antiguo, existen muchas organizaciones similares, como la Sociedad Tolkien Forodrim. En Grecia hay un club de fans llamado **The Prancing Pony**, el nombre del hostal donde los hobbits se encuentran con Aragorn por primera vez, y en Japón está The White Rider, creado tras el estreno de las películas. En la actualidad, los clubes de fans de Tolkien se reúnen dentro y fuera de la red, en cualquier rincón del mundo, desde Israel hasta Perú, y participan periódicamente en encuentros y celebraciones, así como en **dinámicos foros de internet**, donde discuten sobre todo lo relacionado con la Tierra Media.

Homenajes

En 2009 se rindió el mejor homenaje de la historia del fenómeno fan, cuando un grupo de admiradores de Tolkien creó una pequeña productora independiente (Independent Online Cinema) y estrenó ***The Hunt for Gollum*, un largometraje** que combina escenas rodadas por ellos mismos con otras extraídas de las películas de Peter Jackson. Se trata de un proyecto bien logrado, muy minucioso y con un trabajo de producción admirable, que en algunos momentos incluso se equipara al alcance y la ambición de Jackson. Es el mejor ejemplo de hasta dónde pueden llegar los fans de *El señor de los anillos* para homenajear a sus héroes. Por otro lado, algunos acamparon durante días en la celebración del Comic-Con de 2012 para ver el tráiler de *El hobbit* de Peter Jackson. Muchos, incluso, han hecho el esfuerzo de **hablar las lenguas inventadas por Tolkien**.

Resumen

Los fans de Tolkien se han dado a conocer en todo el mundo al contarse entre los más fieles de todos los autores y artistas de los distintos ámbitos culturales.

Temas relacionados

véanse también
UN ÉXITO PERDURABLE
página 112
LOS OSCAR
página 126

[Sobre sus fans estadounidenses]
«El arte los conmociona, y no saben qué los ha conmocionado, y se quedan embriagados por ello. Muchos jóvenes estadounidenses están más implicados en la historia que yo».

J. R. R. TOLKIEN: UNA BIOGRAFÍA

NOT ALL WHO WANDER ARE LOST.
THE HUNT FOR GOLLUM
THE HUNT BEGINS MAY 3RD
WWW.THEHUNTFORGOLLUM.COM

INDEPENDENT ONLINE CINEMA
PRESENTS
THE HUNT FOR GOLLUM
A FILM INSPIRED BY
THE LORD OF THE RINGS
NOT ALL WHO WANDER ARE LOST.
3RD MAY 2009

Juegos de fantasía y rol

La creación de nuevos reinos

En 1974, poco antes del fallecimiento de Tolkien, la empresa Tactical Studies Rules estaba ultimando el lanzamiento del juego de mesa ***Dungeons & Dragons***. Los directivos de la empresa y diseñadores del juego, Dave Arneson y Gary Gygax, reconocieron abiertamente haber recurrido a dos fuentes de inspiración principales para crear el mundo, los personajes y la magia del juego: los libros de *Conan* de **Robert E. Howard** y la Tierra Media de J. R. R. Tolkien. En el juego original, muchos personajes se extrajeron directamente de las obras de este último, como los hobbits, los elfos, los enanos, los nazgûl, los orcos y los magos. No obstante, más tarde se reemplazaron por términos más genéricos, como «mediano» para hobbit y «espectro» para nazgûl; a su vez, los orcos pasaron a ser trasgos y los balrog se rebautizaron con el nombre técnico de Type IV Demon.

Los juegos de rol

Dungeons & Dragons no solo dio lugar a un sinfín de imitadores, sino a un nuevo producto en la industria del entretenimiento: **el juego de fantasía y rol**. Ofrecía a los fans del género fantástico una experiencia revolucionaria de inmersión en una realidad paralela y causó sensación en todo el mundo. Los jugadores podían desempeñar el papel de cualquier personaje del universo Tolkien, desde los valientes enanos hasta un ladrón mediano, y pasaban noches enteras (e incluso meses) paseándose por los escenarios creados por su **Dungeon Master** o director de juego. Supuso un nuevo mundo para los niños (y adultos) deseosos de emprender una aventura imaginaria que se prolongara en el tiempo. En la actualidad, los «descendientes» de *Dungeons & Dragons* forman todo un nuevo fenómeno social de **aficionados a los juegos de fantasía**.

MERP

El Juego de Rol de la Tierra Media, también conocido como ***MERP*** por sus siglas en inglés, era un juego de dados que se comercializó junto con un libro de instrucciones en 1984. Se jugaba en escenarios predeterminados con dos dados de 10 caras, y a cada jugador se le atribuía un conjunto de habilidades para combatir al enemigo. Aunque se ubicaba en la Tierra Media (a veces, en sus rincones más oscuros e inexplorados), no se basaba en **las historias de Tolkien**, lo que dio libertad a sus diseñadores para crear elementos alternativos con el fin de aumentar la intensidad del juego. Aunque se hizo popular, no era apto para principiantes, pues los jugadores debían conocer muy bien la mitopeya de Tolkien, además de las historias creadas por los propios diseñadores del juego; asimismo, tenía **un complejo sistema de reglas** y resultaba fácil confundirse a la hora de adquirir habilidades.

Resumen

Con la invención de los juegos de fantasía y rol, Tolkien puede considerarse uno de los principales instigadores de la aparición de todo un nuevo fenómeno dentro de la industria del entretenimiento.

Temas relacionados

véanse también

FANS Y CONVENCIONES
página 138
VIDEOJUEGOS DE ROL
página 142

«¿Quién duda de la genialidad de los relatos de Tolkien? Por supuesto, fueron una gran fuente de inspiración para los juegos de Advanced Dungeons & Dragons».

GARY GYGAX

Dados de diverso número de caras para juegos de rol

Personajes de juegos de fantasía y rol

Videojuegos de rol

Primeros ejemplares

En 1982, Beam Software sacó al mercado, con la colaboración de los editores de Tolkien, **uno de los primeros videojuegos** más populares de la historia: *The Hobbit*. Este innovador juego de rol empleaba tecnología sintáctica especialmente diseñada para ofrecer una experiencia lo más realista posible en la época, hasta el punto de permitir al jugador hablar con los personajes de la pantalla. A finales de la década de 1980, se habían vendido más de un millón de ejemplares y ganó **un Premio Golden Joystick** como mejor juego de estrategia; además, dio lugar a varias secuelas basadas en la historia de *El señor de los anillos* de Tolkien. Cada ejemplar venía con un ejemplar del libro en que estaba inspirado.

Resumen
Los videojuegos actuales serían muy distintos de no ser por la influencia temprana de la literatura fantástica sobre misiones heroicas, que a su vez le debe mucho al legado de Tolkien.

Warhammer

Uno de los fenómenos más destacados de los últimos treinta años en el sector de los juegos de fantasía ha sido la creación de **Games Workshop** y **Warhammer** en la década de 1970. Durante años, Warhammer (proyecto creado por Steve Jackson e Ian Livingstone) se centró en los juegos de mesa y los libros de dados, pero en 1991 hizo su primera incursión en el mundo de los videojuegos con **Hero Quest**, la adaptación de **un juego de rol tradicional** de MB. Por aquel entonces, los fabricantes de *software* empezaron a ver el enorme potencial de los juegos de fantasía tanto desde el punto de vista del sistema de juego como del diseño, y los diseñadores, consciente o inconscientemente, nunca escaparon del influjo de Tolkien.

Temas relacionados
véanse también
JUEGOS DE FANTASÍA Y ROL
página 140
OTROS MUNDOS
página 144

El mundo moderno

La capacidad tecnológica y creativa de los videojuegos actuales ha revolucionado por completo la naturaleza del ocio, y hoy en día el género fantástico domina el mercado. Las innovaciones de **los gráficos en 3D** suponen para los diseñadores de videojuegos una valiosa herramienta a la hora de recrear mundos similares al de Tolkien. De entre los juegos desarrollados bajo la influencia del autor, los más célebres son las series de Zelda (juego de rol en que hay que completar una misión y que añadió acción al «puzle» de *The hobbit* de Beam Software) y **The Elder Scrolls**, cuyos personajes más tolkianos incluyen elfos del bosque y enanos. Las últimas encarnaciones de estos personajes, además de los que EA y **Warner Brothers** han adaptado a las películas de Peter Jackson, están a años luz de los humildes inicios de Beam Software.

«Las instrucciones que recibimos fueron: "Diseñad el mejor juego de aventuras de la historia". Así que Philip [Mitchell] y yo diseñamos y desarrollamos The hobbit».

VERONIKA MEGLER, DISEÑADORA DE JUEGOS

The

amazon.com

Otros mundos

Mundos virtuales

La industria de la fantasía se ha ampliado de modo más que considerable gracias a **las innovaciones en el desarrollo de los juegos en línea**. Resulta difícil imaginar el actual sector de los mundos virtuales de internet sin el influjo temprano del legado de Tolkien. Si se echa un vistazo a los paisajes de juegos como ***World of Warcraft*** (con más de 10 millones de participantes en todo el mundo), es fácil detectar la fuerza del influjo de **la imaginación del autor** sobre todo lo que se ha hecho después de él. Los jugadores pueden controlar personajes que pertenecen al linaje de aquellos que aparecen en sus obras y manipularlos en un mundo de rasgos evidentemente tolkianos.

Resumen

Sin Tolkien, el mundo de los juegos en línea sería muy distinto. El autor nos legó sus personajes, sus ciudades, sus bosques y cordilleras, así como el germen de infinitas aventuras.

La influencia de los videojuegos

Un entorno virtual creado en una red informática mundial sería probablemente el último lugar donde Tolkien hubiera situado su mundo imaginario y, si el autor pudiera ver el rumbo que ha tomado la historia, lo más probable es que dejara escapar una sonrisa irónica. A medida que **la industria del juego supera todos los sectores del entretenimiento**, los juegos inspirados en el mundo de Tolkien retroalimentan la literatura y el cine. Así, Hollywood invierte centenares de millones de dólares cada año en la creación de guiones basados en historias de videojuegos, desde la franquicia ***Resident Evil*** hasta ***Assassin's Creed***. Colaboradores como el escritor R. A. Salvatore están creando mitopeyas enteras para videojuegos, pues consideran este sector como el futuro de la industria del entretenimiento.

Temas relacionados

véanse también

VIDEOJUEGOS DE ROL
página 142
ECOLOGISMO Y DEFENSA DEL ENTORNO
página 148

Tolkien en el espacio

La proliferación de mundos virtuales supone un escenario ideal para la ampliación y evolución del universo imaginario de Tolkien, y su influencia se aprecia ya en la realidad de nuestro sistema solar. Quizá no resulte sorprendente, dada la popular asociación entre el ***frikismo* científico y la fantasía épica**, que el nombre de Tolkien esté presente en la terminología astronómica: un asteroide que orbita entre Júpiter y Marte, descubierto en 1982, recibió el nombre **2675 Tolkien** en honor al escritor, y también existe el asteroide 2991 Bilbo. Gracias a la sonda Messenger (acrónimo de Mercury Surface, Space Environment, Geochemistry and Ranging), los científicos de la NASA identificaron en 2012 una serie de cráteres cercanos al polo norte de Mercurio. En la actualidad, en la superficie «mordoriana» de dicho planeta, al cráter Kandinsky y Prokofiev se les ha unido **el cráter Tolkien**.

«Tolkien me recordó cosas maravillosas que había olvidado: el placer de la lectura, el gozo de la imaginación, la pasión por la aventura... Lo recuperé todo».

R. A. SALVATORE

Gryphon Rider, 2003,
por Bill Petras para
World of Warcraft

Polo norte de Mercurio,
donde se encuentra
el cráter Tolkien

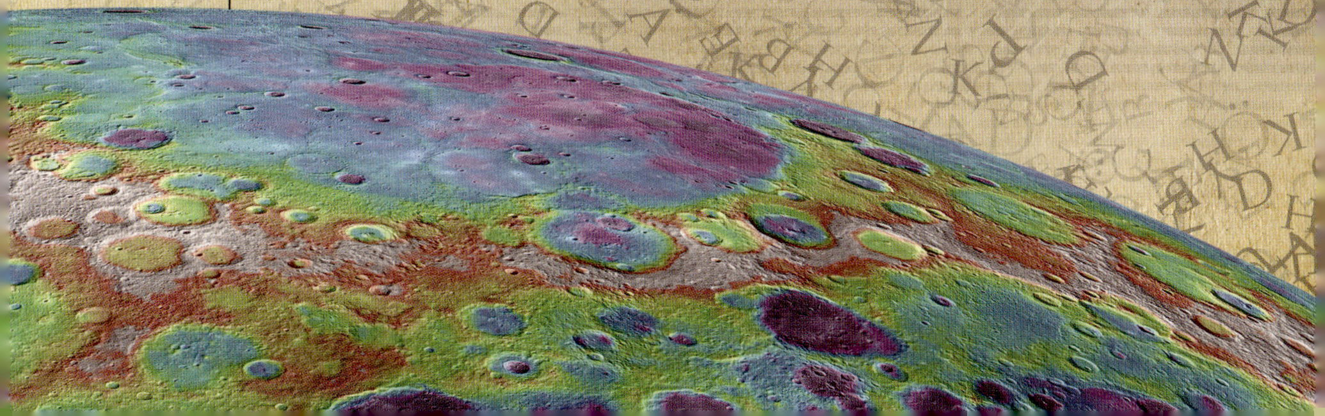

Lengua

Acuñar palabras

Como ocurre con los grandes escritores y fenómenos culturales, desde Shakespeare hasta J. K. Rowling, muchas **expresiones y palabras** acuñadas por Tolkien han pasado a formar parte del lenguaje común en inglés. Su profesión como filólogo y su colaboración como lexicógrafo en el *Oxford English Dictionary* le llevaron a pasar mucho tiempo entre los fascinantes laberintos de los juegos de palabras y **los orígenes etimológicos**. Por supuesto, todo ello alimentó su pasión por crear sus propias **lenguas inventadas**, pero también le permitió hacer gala de su profundo conocimiento de la lengua inglesa eligiendo palabras con connotaciones que la mayoría de los lectores no captan inmediatamente. Así, voces inglesas como *mannish*, *dwarvish* o *dwarven*, *halfling* y *bane* deben parte de su uso popular, o incluso su origen, a Tolkien.

Arcaísmos

Confusticate, *blunderbuss* y *corrigan* son tres arcaísmos de la lengua inglesa que Tolkien empleó en **pasajes importantes** de su obra. Le gustaba ahondar en lo más profundo de la lengua y poner en boca de sus personajes palabras extrañas, discordantes y graciosas, que crean un efecto muy interesante. El escritor también reivindicó vocablos que poseen una gran sonoridad, como ***dumbledoor***, una variante dialectal de la palabra «abejorro» en inglés que más tarde inspiraría el nombre de uno de los personajes más populares de J. K. Rowling. Hay otros ejemplos menos conocidos pero igualmente curiosos: cuando Éowyn derrota al señor de los nazgûl en *El retorno del rey*, lo llama ***foul dwimmerlaik***, expresión de origen incierto que ha inspirado derivados en *Dungeons & Dragons* y la literatura fantástica.

Prosa de época

En la actualidad, la «prosa de época» es un recurso muy extendido en la literatura fantástica e histórica. Aunque destaca su uso por parte de algún que otro escritor popular, como **Walter Scott** en sus epopeyas nacionalistas y aventuras medievales, Tolkien la combinó con **sus lenguas de la Tierra Media** inventadas y arcaísmos con el fin de ayudar a recrear un ambiente mítico, que, lejos de interferir en la narración de la historia, le aportara autenticidad. La prosa que Tolkien utilizó de un modo tan acertado es una mezcla de inglés contemporáneo y **una seudolengua medieval**. Sin duda, debió de ser una decisión consciente por parte de todo un erudito en el campo de la filología no solo para emular los grandes mitos que tanto admiraba, sino también para realzar el uso de la lengua y su conexión con el lector.

Resumen

El enfoque filológico de los nombres inventados por Tolkien, así como su prosa de estilo arcaico y elevado, ha influido en generaciones de escritores de literatura fantástica y ha moldeado la terminología y los paisajes de un sinfín de mundos imaginarios de la literatura, el cine y los juegos.

Temas relacionados

véanse también

PROFESOR Y ERUDITO
página 40
MITOLOGÍA
página 90

«Tolkien comenta a menudo que el análisis de una sola palabra puede ser el punto de partida de toda una aventura imaginaria».

GILLIVER, MARSHALL Y WEINER, *THE RING OF WORDS*

Sir Walter Scott

Blunderbuss

Ecologismo y defensa del entorno

Una mentalidad muy moderna

En muchos aspectos, Tolkien fue una persona muy moderna para su época. Su preocupación por la desaparición del paisaje rural que tanto amaba, la Inglaterra con que se sentía identificado, es un tema importante en las obras de otros escritores que fueron etiquetados con el término algo desacertado de «modernos», como **Edward Thomas, Robert Frost o W. B. Yeats**. La mayoría de los autores de la generación de Tolkien se vieron profundamente afectados por la dramática experiencia de la guerra y se imbuyeron de una sensación apocalíptica ante la llegada del oscuro mundo industrial a la bucólica **campiña inglesa**. La obra de Tolkien transmitía un mensaje de triunfo sobre tales amenazas, y así sigue siendo desde entonces, inspirando movimientos literarios, políticos y ecologistas que encuentran un estímulo en la popularidad y el optimismo de sus relatos.

Un amante de la naturaleza

Tolkien se ha convertido en todo un referente de los ecologistas, en especial de aquellos que luchan por conservar un cierto tipo de paisaje. Se interesó especialmente por la conservación del entorno natural de la zona de Oxford y la campiña inglesa en general, y en cierto modo la recreación de la Comarca no es sino una idealización de dicha naturaleza. En la actualidad, programas de conservación medioambiental y rutas rurales y alpinas de todo el mundo, como **el Tolkien Trail** de Lancashire, en Reino Unido, llevan su nombre casi como talismán de buena suerte para la preservación de la zona. Tras las películas de Peter Jackson, **el departamento de Medio Ambiente de Nueva Zelanda** ha constatado un espectacular florecimiento de la actividad turística, algo que, a su vez, revierte en el apoyo y la promoción de proyectos medioambientales en todo el territorio nacional.

Un legado moral

La obra de Tolkien plantea por primera vez **el «ecologismo»** desde una combinación de enfoques neopaganos y cristianos. Aunque no se haga explícito en sus relatos, la moralidad subyacente en la Tierra Media no es solo judeocristiana, sino específicamente católica. No obstante, el sistema de valores de su universo imaginario no está engendrado por el Dios del Antiguo Testamento ni por Jesucristo. Tolkien se deshace de la necesidad de incluir estos conceptos y deja que el lector entre él mismo en comunión con la esencia de **la naturaleza** y respete su fragilidad, amenazada por la frialdad gris e impersonal del mundo moderno.

Resumen

Tolkien está considerado con acierto como uno de los escritores ecologistas más importantes y apasionados del siglo XX.

Temas relacionados

véanse también

OXFORD
página 30
LA TIERRA MEDIA
página 94

«La unión de distintos elementos para dar forma a una concepción profundamente ecológica del medio ambiente es una de las cosas que J. R. R. Tolkien logró hacer a la perfección hace ya más de medio siglo».

DICKERSON, EVANS,
ENTS, ELVES, AND ERIADOR

W. B. Yeats

Hobbiton,
Nueva Zelanda

Legado

El mundo intelectual

La influencia de J. R. R. Tolkien en la cultura popular moderna es tan grande y omnipresente que en algunos casos pasa inadvertida y en otros aparece como **un rasgo genérico**. En el mundo de la fantasía, por ejemplo, prácticamente no existe ningún ámbito ajeno a su influjo, en mayor o menor medida. Reinventó la fantasía y, con ello, no solo modificó la forma como los escritores enfocan sus temas, sino que propició la aparición de toda una boyante **industria del entretenimiento**. Como otros escritores que ampliaron los horizontes literarios, él reivindicó el papel del mundo interior a la hora de construir otros mundos. Desde los juegos de mesa al **cine épico**, la figura del antihéroe o las razas de ficción, Tolkien ha ayudado a dar forma al imaginario del mundo moderno.

Resumen

El talento de Tolkien tiene su origen en sus propias creencias y su naturaleza bondadosa, y ha sido una fuente de inspiración única en todos los ámbitos de la esfera cultural y popular.

La obra

Tolkien fue, como refleja en sus relatos, una persona hecha a sí misma a través de sus experiencias y pasiones, e impregnó **sus «subcreaciones»** de la idiosincrasia que le era propia. Dio forma a su obra partiendo del deseo de entretener a sus hijos pequeños. Sin duda, trasladó las inquietudes de su propia vida a un mundo de **héroes y villanos**, y desde allí, llegó a generaciones de lectores de una forma mucho más eficaz que los relatos moralistas de un ensayista o un filósofo. Quizá lo que ha hecho célebre a Tolkien sea en última instancia la pureza de su propósito y su bondad de espíritu. Por ejemplo, cuando un lector reacciona ante la fortaleza de Frodo, está reaccionando ante la de aquellos que murieron en **la primera guerra mundial**; cuando reacciona ante la fuerza de la Comunidad, lo está haciendo ante cualquier lazo de amistad que haya tenido alguna vez.

Temas relacionados

véanse también
ÉXITO
página 56
PROFESOR UNIVERSITARIO
página 102

Un legado moral

Más allá de sus decenas de imitadores, quizá el mayor legado de Tolkien sea el abanico de posibilidades que abrió para **las mentes creativas** posteriores. Gracias a él, el mundo ha tenido la oportunidad de disfrutar de las obras de toda una nueva generación de **visionarios**, desde Alan Garner hasta Peter Jackson, C. S. Lewis o J. K. Rowling. Con ello, ha estimulado como nadie la imaginación de literatos e ignorantes por igual. Ningún autor ha visto su obra ramificarse en ámbitos tan diversos, desde los juegos en línea como **World of Warcraft** hasta los mundos distópicos de Doris Lessing. Tal vez el alcance de su influencia sea lo que realmente lo convierte en una de las grandes figuras literarias modernas.

«Yo no amo la espada porque tenga filo ni la flecha porque vuele, ni al guerrero porque haya alcanzado la gloria. Tan solo amo lo que ellos defienden».

FARAMIR, *LAS DOS TORRES*

39
38
37
36
35
34
33
32
31
30
29
28
27
26
25
24
23

Cronología

1950-1956
Publicación de los siete volúmenes de *Las crónicas de Narnia*.

1957
El señor de los anillos gana el Premio Internacional de Fantasía en la XV Convención Mundial de Ciencia Ficción.

1957
Publicación de *La piedra fantástica de Brisingamen,* la primera novela de Alan Garner.

1961
C. S. Lewis propone a Tolkien como candidato al Premio Nobel, que finalmente se concede a Ivo Andric.

1968
Se funda la Sociedad Tolkien de Reino Unido.

1969
Led Zeppelin lanza su primer álbum y a lo largo de la década graba varias canciones inspiradas en las obras de Tolkien.

1973
Se expone la primera ilustración de Death Dealer de Frank Frazetta.

1974
Sale al mercado *Dungeons & Dragons*.

1976
John Howe descubre las ilustraciones del calendario de los hermanos Hildebrandt inspiradas en la Tierra Media e inmediatamente empieza a dibujar.

1978
Se estrena la primera parte de la versión en dibujos animados de *El señor de los anillos,* de Ralph Bakshi. La segunda parte nunca se realizará.

1982
Beam Software saca al mercado el innovador videojuego de rol *The hobbit*.

1984
Llega al mercado el primer libro de *MERP*.

1987
Aparece el primer calendario de Tolkien ilustrado por John Howe.

1991
Warhammer hace su primera incursión en la industria de los videojuegos de fantasía con *Hero Quest*.

1994
Sale el primer videojuego de la serie *The Elder Scrolls*.

1996
Se publica *Juego de tronos*, la primera novela de la serie fantástica *Canción de hielo y fuego*, de George R. R. Martin.

1997
Se publica *Harry Potter y la piedra filosofal*, el primer libro de una colección de siete volúmenes escrita por J. K. Rowling que venderá más de 450 millones de ejemplares en todo el mundo.

2001
Peter Jackson estrena *La comunidad del anillo*, la primera entrega de la versión cinematográfica de *El señor de los anillos*.

2004
El señor de los anillos se sitúa en lo más alto de la encuesta de la BBC sobre los libros favoritos en Reino Unido.

2004
El retorno del rey gana los 11 Oscar a los que estaba nominada, con lo que iguala a la película más oscarizada de la historia.

2006
Se estrena en Toronto el musical de *El señor de los anillos,* producido por Saul Zaentz.

2009
Se estrena en internet el *fanfilm The Hunt for Gollum*.

2012-2014
Peter Jackson estrena su trilogía de *El hobbit*.

Glosario

Donald Swann Compositor británico que musicó los poemas de Tolkien de *El señor de los anillos* en un volumen titulado *The Road Goes Ever On*.

Dungeons & Dragons Juego de rol que se comercializó por primera vez en 1974. Se convirtió en un éxito mundial; y el universo de Tolkien era una de sus principales fuentes de inspiración.

fantasía épica Género creado por Tolkien en que la historia se sitúa en un mundo alternativo.

juego de rol En él, los jugadores asumen el papel de personajes de fantasía con una serie de características determinadas por el dado y el libro de instrucciones. El director de juego los guía por los diversos escenarios de la historia.

***MERP* (acrónimo inglés de *Juego de Rol de la Tierra Media*)** Juego de rol comercializado en 1984. Se jugaba con dados y estaba ambientado en el mundo de la Tierra Media.

mundos virtuales Comunidades en línea cuyos participantes manipulan personajes, llamados «avatares», que interactúan en un mundo 3D.

Pauline Baynes Ilustradora inglesa que Tolkien eligió por la calidad de las interpretaciones de sus obras

Peter Jackson Cineasta neozelandés creador de las trilogías de *El señor de los anillos* y *El hobbit*, rodadas con las innovaciones tecnológicas más avanzadas del momento.

prosa de época Lenguaje arcaico empleado en una narración para recrear un determinado ambiente.

Ralph Bakshi Cineasta estadounidense creador de una adaptación de dibujos animados de *El señor de los anillos*, producida por Saul Zaentz, en 1978. No obtuvo financiación para completar la segunda parte.

Rankin/Bass Productora estadounidense que realizó la adaptación de dibujos animados de *El hobbit* en 1977 y *El retorno del rey* en 1980.

Saul Zaentz Productor estadounidense propietario de los derechos cinematográficos, escenográficos y de *merchandising* de *El hobbit* y *El señor de los anillos*. Fue el productor de la adaptación de Bakshi en 1978.

Sociedad Tolkien Asociación internacional situada en Reino Unido que aglutina a todos los clubes de fans de Tolkien.

subcreación Término acuñado por Tolkien para referirse a la creación de un mundo alternativo en el que se ubica una historia.

Warhammer Popular serie de juegos de rol distribuida por Games Workshop, cuyos escenarios se trasladaron a un videojuego a inicios de la década de 1990.

Resumen general

Vida

John Ronald Reuel Tolkien nació **el 3 de enero de 1892** en Bloemfontein, Sudáfrica. Quedó huérfano a los doce años. Fue un ferviente católico, un padre y marido afable, y gran amigo de sus amigos. Los profesores de la King Edward's School supieron cultivar su temprano talento intelectual y su facilidad por las lenguas, y más tarde **estudió en la Universidad de Oxford**. Luchó en la **batalla del Somme**, donde perdió a varios de sus amigos íntimos. Tras la guerra y un periodo como profesor en Leeds, fue nombrado catedrático en la Universidad de Oxford y pasó los siguientes treinta años como miembro activo de la facultad de Inglés del Pembroke College. En el momento de **su muerte, en 1973**, era ya mundialmente célebre por sus relatos fantásticos, y un miembro histórico del círculo académico de Oxford.

Obra

Desde niño, Tolkien juega a inventar lenguas y, más tarde, centra sus estudios en **lenguas y culturas medievales** de Europa y Escandinavia. Sus lenguas inventadas acaban dando lugar a toda una serie de razas de ficción, y a inicios de la vida adulta empieza a crear su propia **mitopeya**, proceso creativo que le ocupa el resto de su vida. Gran parte de ella se incluye en su obra cumbre, *El Silmarillion*, y forma la base de **sus novelas fantásticas** más célebres, *El hobbit* y *El señor de los anillos*. Sus obras reinventan el género fantástico, y personajes como Bilbo Bolsón, Gandalf y Smaug el Dorado se convierten en **iconos**. También es autor de numerosos cuentos fantásticos más cortos, y publica ensayos revolucionarios durante una carrera académica que revoluciona el enfoque del estudio de los textos anglosajones.

Influencia

Pocos escritores ejercen tanta influencia sobre la cultura popular como J. R. R. Tolkien. Es posible apreciar su influjo en todos los ámbitos de **la industria del entretenimiento**, desde las letras de las canciones de Led Zeppelin hasta los paisajes de populares mundos virtuales. La adaptación de *El señor de los anillos,* de Peter Jackson, se ha convertido en **la trilogía cinematográfica** de mayor éxito comercial y de crítica de toda la historia, y ha engendrado no solo incontables imitaciones de sus innovaciones tecnológicas, sino su posterior versión de *El hobbit*. La extraordinaria creatividad de Tolkien ha dejado una huella profunda en **el ecologismo y la filología**. En cuanto a los lectores, se ha granjeado la admiración de fans de todo el mundo, y suele ocupar los primeros puestos en las encuestas sobre escritores favoritos.

«Deseaba a los dragones profundamente. Por supuesto, con mi tímido cuerpo, no los deseaba en las cercanías, irrumpiendo en mi mundo relativamente seguro, en el que era posible, por ejemplo, leer relatos en paz, sin temor. Pero el mundo que encerraba la imaginación de Fafnir era más rico y más hermoso, cualquiera que fuese el coste del riesgo».

SOBRE LOS CUENTOS DE HADAS

Fuentes

Libros

On Fairy-stories
J. R. R. Tolkien
HARPERCOLLINS, 2008

Tales from the Perilous Realm
J. R. R. Tolkien, ilustrado por Alan Lee
HOUGHTON MIFFLIN HARCOURT, 2010

The Hobbit
J. R. R. Tolkien
HOUGHTON MIFFLIN BOOKS FOR CHILDREN, 2012

The Legend of Sigurd and Gudrun
J. R. R. Tolkien, Christopher Tolkien
HOUGHTON MIFFLIN HARCOURT, 2010

The Lord of the Rings
J. R. R. Tolkien
MARINER BOOKS, 2012

The Monsters and the Critics and Other Essays
J. R. R. Tolkien
GRAFTON, 2006

The Silmarillion
J. R. R. Tolkien, Christopher Tolkien, Ted Naismith
HOUGHTON MIFFLIN HARCOURT, 2001

Otras obras

Ents, Elves, and Eriador
Matthew Dickerson, Jonathan Evans
UNIVERSITY PRESS OF KENTUCKY, 2011

J. R. R. Tolkien, A Biography
Humphrey Carpenter, J. R. R. Tolkien
HOUGHTON MIFFLIN COMPANY, 2002

J. R. R. Tolkien, Author of the Century
Tom Shippey
MARINER BOOKS, 2000

Languages, Myths and History
Elizabeth Solopova
NORTH LANDING BOOKS, 2009

Master of MIddle-earth
Paul H. Kocher
RANDOM HOUSE, 2002

The Art of the Hobbit
J. R. R. Tolkien
HOUGHTON MIFFLIN HARCOURT, 2011

The Atlas of Middle-earth
Karen Wynn Fonstad
MARINER BOOKS, 1999

The J. R. R. Tolkien Companion
Christina Scull, Wayne G. Hammond
HOUGHTON, MIFFLIN HARCOURT, 2006

The Letters of J. R. R. Tolkien
J. R. R. Tolkien, Christopher Tolkien, Humphrey Carpenter
MARINER BOOKS, 2005

The Lord of the Rings Sketchbook
Alan Lee
HOUGHTON MIFFLIN HARCOURT, 2005

The Maps of Tolkien's Middle-earth
Brian Sibley, John Howe, J. R. R. Tolkien
HOUGHTON MIFFLIN HARCOURT, 2003

The Power of Tolkien's Prose
Steve Walker
PALGRAVE MACMILLAN, 2012

The Ring of Words: Tolkien and the Oxford English Dictionary
Gulliver, Marshall, Weiner
OXFORD UNIVERSITY ORESS, 2006

The Road to Middle-earth
Tom Shippey
MARINER BOOKS, 2003

The Tolkien Family Album
John Tolkien, Priscilla Tolkien
HARPER COLLINS PUBLISHERS LTD, 1992

Tolkien and the Great War
John Garth
MARINER BOOKS, 2011

Tolkien: Man and Myth
Joseph Pearce
HARPERCOLLINS PUBLISHERS LTD, 1999

Páginas web

HarperCollins, editores de Reino Unido
www.harpercollins.co.uk

Sobre la película de *El hobbit*
www.the-hobbit-movie.com

Sobre la película *El señor de los anillos*
www.lordoftherings.net/home.htm

Marquette University Collection
www.marquette.edu/library/archives/tolkien.shtml

The Tolkien Estate
www.tolkienestate.com

The Tolkien Gateway
www.tolkiengateway.net/wiki/Main_Page

The Tolkien Library
www.tolkienlibrary.com

The Tolkien Society
www.tolkiensociety.org

A menos que se indique lo contrario, todas las citas son de J. R. R. Tolkien. Estas se encuentran ampliamente difundidas en internet, pero las fuentes *J. R. R. Tolkien, A Biography*, de Humphrey Carpenter, y *The Letters of J. R. R. Tolkien*.

Índice

Agradecimientos

El editor desea agradecer a las siguientes personas e instituciones su amable permiso para reproducir las imágenes de este libro. Se ha hecho todo lo posible por citar la fuente de todas las imágenes y pedimos disculpas en caso de haber cualquier omisión no intencionada.

Clave
S: superior; i: inferior; c: centro; d: derecha; izda: izquierda

AKG Images/British Library: 41; Ullstein Bild: 2, 13.
Alamy/AF archive: 75, 123s izda; 123c; The Print Collector: 73i
Mikhail Belomlinsky/Colección privada/The Bridgeman Art Library: 51s; 69c, 71c, 85c
Birmingham Archives: 21i; 25Ab; 27c.
JP Bowen: 39i.
Ernest Brooks/National Library of Scotland: 35i; 61i Izda.
Carcharoth: 12i.
Ceridwen: 119d.
De la colección privada de Pieter Collier/www.tolkienlibrary.com: 16, 17, 49i izda; 67s; 77c, 79i izda; 81c, 97c, 99c, 102s d; 105c.
W.G. Collingwood: 33i d.
Corbis/Ilustraciones de Bill Petras/ZUMA Press: 145c; Seth Joel:
113i; TWPhoto: 133d.
Andrew Dunn/http://www.andrewdunnphoto.com: 43i
Diacritica: 118s d; 155s.
Exet: 31s
Flickr/Adam Simmons: 12s; Andy Mabbett: 23i c; Doc Searls: 43s d; hjjanisch: 15s; 129i; Joshua Eckert: 149c; phew_album: 143c; Tony Hisgett: 23i d; Will Merydith: 143c, 153d.
Fotolia: 13i; 23c, 24, 27s d; 47i d; 121s izda; Alexey Kuznetsov: 56s d; 62; alexmillos: 143i d; ANK Design: 4, 114, 153c; Complot: 142; Creative HQ: 85, 106B; Dusan Kostic: 49i d; Florent Bhy: 6, 113s izda; 152izda; fxegs: 143i; Hank Frentz: 45s d; Jaroslaw Brzychcy: 141s; 83i izda; koya79: 40, 41Ab Dcha; Les Cunliffe: 57s. izda; Paul Liu: 83i izda; 106i d; Péter Mács: 145T; PiLensPhoto: 15c; Pshenichka: 121s d; radodn: 117c; Rafael Ben-Ari: 113s d; 152d; Sergej Khackimullin: 143; Sergej Razvodovskij: 29; Stephen Orsillo: 30; Stephen Orsillo: 31; Tom Bayer: 145i d; vadim yerofeyev: 150; Volker Haak: 11i.
Getty Images/AFP: 127B; Haywood Magee: 73s; Historic Map Works LLC & Osher Map Library: 14; Julian Love: 45s izda; Time & Life Pictures: 43d.
http://www.ioniafilms.com/ Chris Bouchard: 139c.
Library of Congress: 11d; 21c. Dcha; 23i izda; 29c, 29s; 35s;
39c, 41s izda; 53i izda; 59s; 61i c; 61i d; 103d izda; 149s izda.
Mary Evans Picture Library: 53c, 89izda; 121i; Epic: 18,
25, 157Sup; INTERFOTO/Sammlung Rauch: 11s; 41i izda.
Copyright Angus McBride, con el amable permiso de Pat McBride: 137i c; 137i izda; 137i d.
NASA: 145i.
Oosoom: 12c.
Ozeye: 43izda.
Tony Peters: 135izda.
Photoshot/James Fisher: 131i.
© Copyright Billett Potter, Oxford: 47s d; 51c, 59i; 83c, 103c, 157i.
Rex Features: 10, 35d; 45i d; 139s; Adrian Sherratt: 119s izda; CSU Archv/Everett: 115s d; Everett Collection: 117i d; Moviestore Collection: 77i; 77Sup. Izda; 89Dcha; 129C, 131Sup; New Line/Everett: 15, 79TR, 81T, 87B, 127C; Peter Brooker: 113s c; Simon Runting: 125c.
Shutterstock/3drenderings: 71s d; abracadabra: 92d d; 107i izda; Alex Staroseltsev: 130; Algol: 97i; 107i d; 133Izda; andreiuc88: 99B, 157C; Anthro: 117CL; Antonio Abrignani: 80, 91c, 107c, 115c; Audrey Snider-Bell: 20s d; 60izda; basel101658: 118i; benchart: 86; Betacam-SP: 97s; BMP: 152c; Brocreative: 37s; Cattallina: 99T; catwalker: 120s d; 120s d; Clara: 93i; Convit: 33i. izda; createsima1: 58,59c; David Crosbie: 95c; David Hughes: 149i izda; Davor Pukljak: 100s d; 101i d; EhudBenPorat: 125i; ErmesS: 69d; Faraways: 124, 125d; Free Soul Production: 3, 95s; Georgios Kollidas: 115i d; Grimplet: 146 hamidisc: 76; Henrik Larsson: 73i d; IgorGolovnio: 21TR; IgorXIII: 69s d; Irina Ovchinnikova: 135s; J.D.S.: 136; jara3000: 44, 45i izda; Jaroslaw Grudzinski: 95i; John David Bigl III: 90T, 106i izda; 108s; 147s; JPL Designs: 27Ab; 60i d; Katrina Leigh: 91i; Kevin Eaves: 36; KSPhotography: 147BR; Lia Koltyrina: 93s izda; Louella938: 74i d; Louella938: 75s d; Mark William Penny: 79Ab. Dcha; mtkang: 78; patrimonio designs limited: 7, 117TR; Pavel K: 135i; pavila: 102izda; Peter Radacsi: 93c; photobank.kiev.ua: 119i d, 154i d; PhotoStocker: 88d; RestonImages: 141c, 153Izda; rook76: 126s d; 126s d; 133i c; 133c, 133c, 152s; Rozbyshaka: 77a d; 107i; s bukley: 129s d; Sam Strickler: 85i; Sergey Mikhaylov: 39s; Slava Gerj: 13Izda; Smishonja: 95s izda; 107BC; Styxe: 108i; Tadeusz Ibrom: 67c; Tamara Kulikova: 50; Thomas Pajot: 133i d; Valzan: 55i izda; Vectomart: 132s d; wabbit photo: 71; WH Chow: 37c; Yangchao: 148.
Thinkstock: 72, 75s 109, 141, 151s.
Topfoto: 101i izda; National Pictures: 49s izda; 105c, 110; Pamela Chandler/ArenaPAL/www.arenapal.com: 49s d; 55d; 57c, 64, 67i; 101c, 149i d; The Granger Collection, New York: 47i izda; Topham Picturepoint: 87s; 151i d.
Emery Walker: 33s d.
Dana Wullenwaber: 135d.

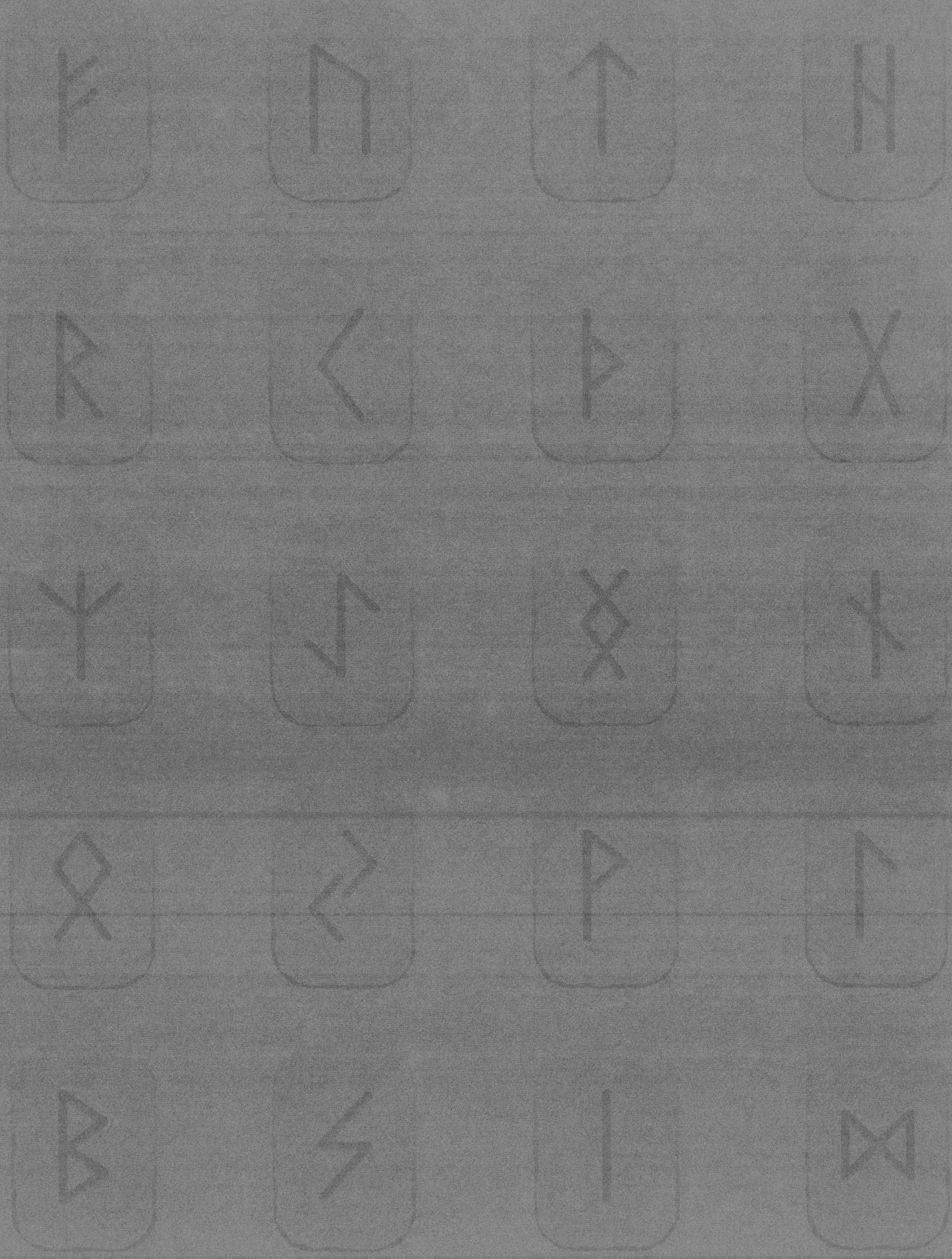